D0859492

*T1-AYZ-650*

# LIVRE 3

## le français international

### GUY RONDEAU, JEAN-PAUL VINAY

## deuxième version

par
Pierre Calvé, Claude Germain, Raymond LeBlanc,
Mme Florence Rondeau

Illustré par A. Lemieux et R. Teringo

Centre Educatif et Culturel Inc.

8101, BOUL. MÉTROPOLITAIN, ANJOU, MONTRÉAL 437, QUÉ., TÉL. 351-6010

ISBN 0-7751-1439-1

Dépôt légal: 2e trimestre 1973
Bibliothèque Nationale du Québec

Printed in Canada.

# TABLE DES MATIÈRES

**EXERCICE DE CONVERSATION**

*Regardez l'image qui se trouve à la page précédente et répondez aux questions suivantes:*

1. Quel temps fait-il? Est-ce qu'il fait mauvais? Quelle saison est-ce? Comment le savez-vous? Combien de nuages pouvez-vous voir?

2. Est-ce que c'est dimanche? Comment le savez-vous? Quelle heure est-il? Pourquoi est-ce que les étudiants ne sont pas à l'école?

3. Regardez (1). Qu'est-ce que c'est? Est-ce que vous prenez l'avion quelquefois? Est-ce que vous le prenez souvent ou rarement? Où est-ce que vous êtes allé(e) en avion? Quand est-ce que vous allez prendre l'avion? Est-ce que vous aimez ça, prendre l'avion?

4. Regardez (2). Où sont-ils? Qu'est-ce qu'ils font? D'habitude, quand est-ce qu'on mange? Est-ce que vous mangez souvent au restaurant? Est-ce que vous aimez ça? Est-ce que ça coûte cher?

5. Regardez (3). Est-ce qu'elle va prendre un taxi? Qu'est-ce qu'elle va prendre? Et vous, est-ce que vous le prenez souvent? Comment est-ce que vous allez à l'école?

6. Regardez (4). Il va au bureau. Comment est-ce qu'il y va?

7. Regardez (5). Qu'est-ce que c'est? Est-ce qu'il va très vite?

8. Regardez (6) et (7). C'est Roger. Il est avec Lise. Est-ce que c'est sa soeur ou son amie? Qu'est-ce qu'ils regardent? Roger veut acheter la moto. Qu'est-ce qu'il doit avoir? Pourquoi? Est-ce que vous avez une moto? Où est-ce qu'on peut acheter une moto?

9. Regardez (8). Qui est-ce? Est-ce que c'est un plombier? Qu'est-ce qu'il fait? Est-ce qu'il aime ça, travailler?

10. Regardez (9). Qu'est-ce qu'ils font? Où est-ce qu'ils jouent au football? D'habitude, est-ce qu'on peut jouer au football dans la rue? Et vous, est-ce que vous aimez ça, jouer au football? Est-ce que vous regardez le football quelquefois à la télévision? Le football, est-ce que c'est un sport français?

11. Regardez (10). Qu'est-ce que c'est? Qu'est-ce qu'il fait? Est-ce que vous avez un chien? Comment est-ce qu'il s'appelle?

12. Regardez (11). Qu'est-ce qu'il y a dans le magasin? Est-ce que vous avez un réveille-matin? Qu'est-ce qu'il fait? A quelle heure? Est-ce que vous aimez ça?

13. Regardez (12). Est-ce que c'est un charpentier? Comment est-ce qu'il va travailler?

14. Regardez (13) et (14). Qui est-ce? Où est-ce qu'ils travaillent?

15. Regardez (14). Pourquoi est-ce qu'il crie? Est-ce qu'il crie fort? Qu'est-ce qu'il dit? Est-ce qu'il a froid?

16. Regardez (13). Est-ce qu'il comprend? Pourquoi?

## LES ADJECTIFS POSSESSIFS

### EXERCICE DE RENFORCEMENT

*Ex.: 1. S. C'est votre livre?*    *R. Oui, c'est mon livre.*
*2. S. C'est la montre de Bill?*    *R. Oui, c'est sa montre.*

1. C'est le père de Monique?
2. C'est mon argent?
3. C'est l'auto de Pierre et de Nicole?
4. C'est ton argent?
5. C'est la montre du professeur?
6. Ce sont vos skis?
7. Ce sont mes livres?
8. Ce sont les clés de M. et de Mme Tremblay?
9. Ce sont les souliers de Marcel?
10. C'est votre maison?
11. C'est l'avion de M. Dumas?
12. Ce sont mes lunettes?

# LES SEMI-AUXILIAIRES ''POUVOIR'', ''VOULOIR'', ''DEVOIR''

## EXERCICES DE RENFORCEMENT

### EXERCICE 1:

*Ex.: S. Quand est-ce que tu dois étudier?*      *I. ce soir*
      *R. Je dois étudier ce soir.*

| | | | |
|---|---|---|---|
| 1. | S. Où est-ce que Guy et Jacqueline veulent aller? | I. | au cinéma |
| 2. | S. Quand est-ce que je peux partir? | I. | à cinq heures |
| 3. | S. Qu'est-ce que vous devez faire? | I. | mon travail de français |
| 4. | S. Moi, Paul, qu'est-ce que je veux acheter? | I. | une auto sport |
| 5. | S. Où est-ce que Bill et Paul veulent travailler? | I. | au centre d'achats |

### EXERCICE 2:

| Je dois partir à quatre heures. | |
|---|---|
| moi | Vous devez partir à 4 heures. |
| vouloir<br>arriver<br>Nicole<br>devoir<br>vous et moi<br>pouvoir<br>téléphoner<br>les étudiants<br>vouloir<br>moi, Pierre | |

## GRAMMAIRE

| POUVOIR | VOULOIR | DEVOIR |
|---|---|---|
| Je peux<br>Tu peux<br>Il<br>Elle  }peut<br>On<br>Nous pouvons<br>Vous pouvez<br>Ils<br>Elles}peuvent     partir. | Je veux<br>Tu veux<br>Il<br>Elle  }veut<br>On<br>Nous voulons<br>Vous voulez<br>Ils<br>Elles}veulent     partir. | Je dois<br>Tu dois<br>Il<br>Elle  }doit<br>On<br>Nous devons<br>Vous devez<br>Ils<br>Elles}doivent     partir. |

## L'INTERROGATION

## EXERCICE DE RENFORCEMENT

*Posez des questions à partir des phrases suivantes:*

*Ex.: Le professeur travaille dans le bureau à quatre heures.*
  *a)  Qui est-ce qui travaille dans le bureau?*
  *b)  Où est-ce que le professeur travaille?*
  *c)  Qu'est-ce que le professeur fait dans le bureau?*
  *d)  A quelle heure (quand) est-ce que le professeur travaille dans le bureau?*

1. C'est une moto.
2. C'est monsieur Tremblay.
3. Guy travaille au centre d'achats.
4. Monique étudie le français au labo.
5. Nicole et Guy écoutent de la musique à la discothèque.
6. Le livre est à moi.
7. Il est deux heures.
8. D'habitude, on peut partir à quatre heures.
9. Pierre va à la cafétéria après la classe.
10. Le matin, Jean arrive à neuf heures.
11. Samedi soir, on va au cinéma.
12. Non, je n'ai pas d'argent.
13. Guy téléphone à Marie.
14. Il y a des skis sur l'auto.
15. Oui, c'est mon stylo.
16. Il fait froid.
17. Parce que je n'ai pas d'argent.
18. Non, il n'aime pas ça, le football.
19. C'est la montre de Roger.
20. Parce que c'est samedi.

# EXERCICE DE CONVERSATION

---1---

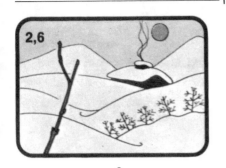

---2---

---3---

---4---

---5---

─────── 6 ───────

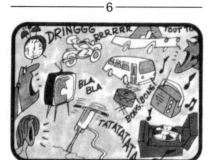

─────── 7 ───────

─────── 8 ───────

─────── 9 ───────

## L'IMPÉRATIF

## EXERCICE DE RENFORCEMENT

*Ex.: 1. S.  Moi, Paul, je parle trop vite.*          *R.  Parle moins vite.*
*      2. S.  Je ne parle pas fort.*                  *R.  Parlez plus fort.*

1.  Moi, Nicole, je chante trop fort.
2.  Je ne vais pas vite.
3.  Moi, Pierre, je mange trop vite.

4.  Je ne travaille pas fort.
5.  Moi, Guy, je parle trop vite.
6.  Je ne crie pas fort.

## LE PASSÉ COMPOSÉ AVEC L'AUXILIAIRE "AVOIR"

## EXERCICE DE RENFORCEMENT

*Ex.: S.  J'écoute de la musique.*
*      R.  Hier, j'ai écouté de la musique.*

1.  Tu manges à la cafétéria.
2.  Paul travaille au labo.
3.  Nicole étudie dans le bureau.
4.  Nous regardons la télévision.
5.  Vous parlez à mademoiselle Labelle.
6.  M. et Mme Tremblay écoutent de la musique.
7.  Je vois un bon film.
8.  Tu finis ton travail.
9.  Jacques comprend le film.
10. Nous prenons l'autobus.

## LE PASSÉ COMPOSÉ AVEC L'AUXILIAIRE ''ÊTRE''

### EXERCICE DE RENFORCEMENT

*Ex.: S. Je vais au cinéma.*
*R. Hier, je suis allé(e) au cinéma.*

1. Tu vas à la discothèque.
2. Jacques arrive à neuf heures.
3. Monique part à quatre heures.
4. Nous venons à l'école à pied.
5. Vous entrez dans le bureau à six heures.
6. M. et Mme Dumas vont au stade.
7. J'arrive à la maison à cinq heures.
8. Tu pars de l'école à trois heures.
9. Il vient à la cafétéria à midi.
10. Elle entre dans la discothèque à dix heures.

### GRAMMAIRE

| CHANTER | FINIR | PRENDRE (COMPRENDRE) | VOIR |
|---|---|---|---|
| Je chante | Je finis | Je prends | Je vois |
| Tu chantes | Tu finis | Tu prends | Tu vois |
| Il<br>Elle } chante<br>On | Il<br>Elle } finit<br>On | Il<br>Elle } prend<br>On | Il<br>Elle } voit<br>On |
| Nous chantons | Nous finissons | Nous prenons | Nous voyons |
| Vous chantez | Vous finissez | Vous prenez | Vous voyez |
| Ils<br>Elles } chantent | Ils<br>Elles } finissent | Ils<br>Elles } prennent | Ils<br>Elles } voient |
| J'ai chanté | J'ai fini | J'ai pris | J'ai vu |
| Je vais chanter | Je vais finir | Je vais prendre | Je vais voir |

| DIRE | ALLER | VENIR |
|---|---|---|
| Je dis | Je vais | Je viens |
| Tu dis | Tu vas | Tu viens |
| Il<br>Elle } dit<br>On | Il<br>Elle } va<br>On | Il<br>Elle } vient<br>On |
| Nous disons | Nous allons | Nous venons |
| Vous dites | Vous allez | Vous venez |
| Ils<br>Elles } disent | Ils<br>Elles } vont | Ils<br>Elles } viennent |
| J'ai dit | Je suis allé(e) | Je suis venu(e) |
| Je vais dire | Je vais aller | Je vais venir |

## *LES ADJECTIFS DE NATIONALITÉ*

## EXERCICE DE RENFORCEMENT

| C'est un sport américain. | |
| --- | --- |
| une auto | C'est une auto américaine. |
| une émission<br>française<br>une ville<br>un étudiant<br>anglais<br>une étudiante<br>un sport<br>canadien<br>une discothèque<br>américaine<br>un film | |

## *LES ADJECTIFS DE COULEUR*

## EXERCICE DE RENFORCEMENT

Ex.: *S. Le manteau est blanc.*            *I. la robe*
     *R. La robe est blanche.*

1. S. Le chapeau est vert.            I. la chemise
2. S. Les gants sont bruns.          I. la jupe
3. S. Les souliers sont violets.      I. la cravate
4. S. Le manteau est gris.          I. la blouse
5. S. Le chapeau est blanc.         I. la chemise
6. S. Le bateau est noir.            I. l'auto
7. S. Le drapeau est jaune.         I. la cravate
8. S. Le stylo est rouge.            I. la montre

## *LES PRONOMS OBJETS DIRECTS "Le-La-Les-L'"*

## EXERCICE DE RENFORCEMENT

Ex.: *S. Le soir, est-ce que vous regardez la télévision?*
     *R1. Oui, je la regarde.*
     *R2. Non, je ne la regarde pas.*

1. Est-ce que Bill aime les autos sport?
2. Est-ce que votre père regarde l'émission?
3. Vous et moi, est-ce que nous comprenons l'anglais?
4. Est-ce que vous étudiez le français?
5. Est-ce que Monique peut écouter le disque?
6. Moi, Paul, est-ce que je dois étudier les mathématiques?

7. Est-ce que Marie peut finir son travail ce soir?
8. Est-ce que tu as pris l'autobus?
9. Est-ce que Robert et Guy ont acheté les livres?
10. Est-ce que votre frère a visité la ville?

## EXERCICE DE CONVERSATION

13                          14                          15

## *LE PRONOM OBJET INDIRECT*

### EXERCICE DE RENFORCEMENT

*Ex.:* S. *Est-ce que Paul vous a téléphoné?*
R₁. *Oui, il m'a téléphoné.*
R₂. *Non, il ne m'a pas téléphoné.*

1.   Est-ce que Nicole vous téléphone?
2.   Est-ce qu'elle écrit à Monique?
3.   Est-ce qu'elle parle à Françoise et à Denise?
4.   Est-ce qu'elle a parlé à Jacques?
5.   Est-ce qu'elle m'a écrit?
6.   Est-ce qu'elle a téléphoné à vous et à moi?
7.   Est-ce qu'elle a écrit à moi, Pierre?
8.   Est-ce qu'elle vous a parlé?

## *LE PRONOM ''Y''*

### EXERCICE DE RENFORCEMENT

*Ex.:* S. *Quand est-ce que tu vas au cinéma?*
R. *J'y vais ce soir.*                                I.   ce soir

1.   S. Quand est-ce que Denise va au labo?                          I.   à 4 heures
2.   S. Vous et moi, quand est-ce que nous allons à Montréal?        I.   dimanche
3.   S. Moi, Pierre, quand est-ce que je vais à la cafétéria?        I.   à midi
4.   S. Quand est-ce que Roger est allé à Québec?                    I.   hier
5.   S. Quand est-ce que M. et Mme Tremblay sont allés au stade?     I.   la semaine passée
6.   S. Quand est-ce que vous êtes allé(e) au gymnase?               I.   le mois passé
7.   S. Quand est-ce que vous voulez aller à la discothèque?         I.   demain
8.   S. Quand est-ce que Paul doit aller au magasin?                 I.   à 2 heures
9.   S. Quand est-ce que tu vas aller à Toronto?                     I.   jeudi
10.  S. Vous et moi, quand est-ce que nous pouvons aller à la maison? I.   à 4 heures

## GRAMMAIRE

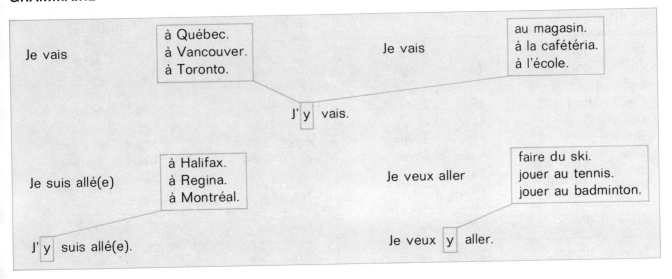

| | |
|---|---|
| Je vais | à Québec. / à Vancouver. / à Toronto. |
| Je vais | au magasin. / à la cafétéria. / à l'école. |

J' y vais.

| | |
|---|---|
| Je suis allé(e) | à Halifax. / à Regina. / à Montréal. |
| Je veux aller | faire du ski. / jouer au tennis. / jouer au badminton. |

J' y suis allé(e).

Je veux y aller.

## EXERCICE DE CONVERSATION

*Répondez aux questions suivantes:*

1. Quelle est la population de votre ville?
2. Quel âge avez-vous? Quel âge ont vos frères et vos soeurs?
3. De quelles couleurs sont vos vêtements? De quelle couleur est l'auto de votre père?
4. Quel est le mois après juillet? Avant juillet? Quel mois est-ce que c'était, il y a trois mois?
5. Est-ce que vous regardez souvent la télévision? Qu'est-ce que vous aimez regarder? Hier soir, est-ce qu'il y avait une bonne émission?
6. Quelle est la capitale de votre province?
7. Est-ce qu'il y a un gymnase dans votre école? Est-ce que vous y allez quelquefois? A quoi est-ce qu'on peut y jouer?
8. Le samedi soir, est-ce que vous restez toujours à la maison?
9. Est-ce qu'on peut aller à Montréal en bateau? A Toronto?
10. A quelle heure est-ce que le cours de français a commencé? A quelle heure est-ce qu'il va finir?
11. Savez-vous où est Trois-Rivières?
12. Où est-ce qu'on a mal quand on mange trop?
13. Est-ce que vous avez beaucoup de travail à faire ce soir? Est-ce que vous allez trouver le temps de le faire?
14. D'habitude, en quelle saison est-ce qu'on a froid? En quelle saison est-ce qu'on a chaud?
15. Qu'est-ce qu'on fait quand on a soif? Quand on a faim?

## GRAMMAIRE

| DORMIR | BOIRE | LIRE | ÉCRIRE |
|---|---|---|---|
| Je dors<br>Tu dors<br>Il<br>Elle }dort<br>On<br>Nous dormons<br>Vous dormez<br>Ils<br>Elles }dorment | Je bois<br>Tu bois<br>Il<br>Elle }boit<br>On<br>Nous buvons<br>Vous buvez<br>Ils<br>Elles }boivent | Je lis<br>Tu lis<br>Il<br>Elle }lit<br>On<br>Nous lisons<br>Vous lisez<br>Ils<br>Elles }lisent | J' écris<br>Tu écris<br>Il<br>Elle }écrit<br>On<br>Nous écrivons<br>Vous écrivez<br>Ils<br>Elles }écrivent |
| J'ai dormi | J'ai bu | J'ai lu | J'ai écrit |
| Je vais dormir | Je vais boire | Je vais lire | Je vais écrire |

## VRAI OU FAUX

*Répondez ''vrai'' ou ''faux'' aux questions suivantes:*

1.    Jacques est le frère de sa soeur.
2.    Quand il fait beau, il y a beaucoup de nuages.
3.    Avec mille dollars, on peut acheter une moto.
4.    Nous sommes en avril. Il y a trois mois, c'était décembre.
5.    Quand c'est congé, on ne va pas à l'école.
6.    Juin est le sixième mois de l'année.
7.    Quand on a soif, on mange.
8.    Luc a trois ans. Il peut conduire une auto.

# EXERCICES DE CONVERSATION

## EXERCICE 1:

*Imaginez les conversations:*

### DIALOGUE 1:

1.
2.
3.

### DIALOGUE 2:

1.
2.
3.
4.

### DIALOGUE 3:

1.
2.
3.

4.

## DIALOGUE 4:

1.

2.

3.

4.

5.

## DIALOGUE 5:

1.

2.

3.

4.

DIALOGUE 6:

1.

2.

3.

4.

5.

## EXERCICE 2:

*Lisez et jouez les dialogues suivants:*

DIALOGUE 1:

Roger:   — *Salut,* Marcel!
Marcel:  — *Tiens!* Salut, Roger!
Roger:   — C'est ta moto, ça?
Marcel:  — Non, c'est la moto de mon frère.

Roger:   — Où est-ce que tu vas?
Marcel:  — Je vais jouer au football *avec* des amis.
          Tu veux venir?

Roger:   — Non, il fait trop chaud. Et *puis* moi,
          je n'aime pas ça, le football.
Marcel:  — *Ah bon! Au revoir!*
Roger:   — Au revoir!

DIALOGUE 2:

| | |
|---|---|
| Madame Panet: | — Allô? |
| Jacques: | — Bonjour, madame Panet. Jacques Beaudet à l'*appareil.* |
| Madame Panet: | — Bonjour, Monsieur. |
| Jacques: | — Est-ce que je peux parler à monsieur Panet, s'il vous plaît? |
| Madame Panet: | — Oui, Monsieur, ne *quittez* pas. |

| | |
|---|---|
| Monsieur Panet: | — Allô, monsieur Beaudet? Comment allez-vous? |
| Jacques: | — Très bien, merci. Et vous, Monsieur? |
| Monsieur Panet: | — Ça va bien, merci. |
| Jacques: | — Monsieur Panet, est-ce que je peux travailler dans votre bureau? |
| Monsieur Panet: | — Bien sûr. Pourquoi? |

| | |
|---|---|
| Jacques: | — Il y a beaucoup de bruit *ici.* Je ne peux pas travailler. |
| Monsieur Panet: | — Ah! Qu'est-ce qu'il y a? |

| | |
|---|---|
| Jacques: | — Il y a des ouvriers dans le *couloir.* Ils font des réparations. |
| Monsieur Panet: | — *Certainement,* Monsieur. Vous pouvez aller dans mon bureau. |
| Jacques: | — Merci, Monsieur. |
| Monsieur Panet: | — Il n'y a pas de quoi. Au revoir, Monsieur. |
| Jacques: | — Au revoir, Monsieur. |

DIALOGUE 3:

Paul: — *Papa,* est-ce que je peux prendre ton auto?
Son père: — Pourquoi?

Paul: — Je dois aller au magasin.
Son père: — Qu'est-ce que tu veux acheter?
Paul: — Je veux acheter des *disques.*
Son père: — Tu veux dire *du* bruit. Aujourd'hui, ce n'est pas de la musique, c'est du bruit.
Paul: — Ah papa, tu ne comprends pas la musique *moderne.*
Son père: — Bon d'accord, je *ne* parle *plus.*
Paul: — Est-ce que je peux avoir les clés de la *voiture,* s'il te plaît? Je dois partir maintenant parce que je ne veux pas être *en retard.*
Son père: — Pourquoi est-ce que tu ne veux pas être en retard?

Paul: — Parce qu'il y a un *party* ce soir.
Son père: — Quel party?
Paul: — Mon party.
Son père: — Ton party! Et où est-ce que tu fais ce party?
Paul: — Ici.
Son père: — Ici, à la maison?
Paul: — Bien sûr!

Son père *(il crie):* — Monique!
Sa mère: — Qu'est-ce qu'il y a?
Son père: — Tu *viens* au cinéma ce soir?
Sa mère: — Au cinéma! Tu ne regardes pas le hockey à la télé-vision?
Son père: — Non, je ne peux pas. Paul fait un party ce soir.
Paul: — Papa, vite, les clés.
Son père: — Bon d'accord. Et ne va pas trop vite en voiture.
Paul: — Non, non, et merci.
Son père: — Il n'y a pas de quoi.

DIALOGUE 4:

Michel: — Bonjour, Monsieur.
Le professeur: — Bonjour, Michel.
Michel: — Monsieur, je n'ai pas fini mon travail de français.
Le professeur: — Ah!

Michel: — Excusez-moi, Monsieur. Je suis allé au cinéma hier soir.

Le professeur: — Vous avez vu un bon film?
Michel: — Oui, j'ai vu un très bon film canadien.
Le professeur: — En anglais?
Michel: — Ah non! En français, Monsieur.
Le professeur: — Vous avez tout compris?
Michel: — Oui, presque tout. J'ai passé une bonne soirée.

Le professeur: — Mais vous n'avez pas fait tout votre travail.
Michel: — Non, Monsieur. Est-ce que je peux le finir ce soir?

Le professeur: — Oui. Vous l'apportez à mon bureau demain matin.
Michel: — Merci beaucoup, Monsieur.

## DIALOGUE 5:

| Micheline: | — Je suis allée faire du ski hier. |
| Maurice: | — Où est-ce que tu es allée? |
| Micheline: | — A Val-David. |

| Maurice: | — Comment? En train? |
| Micheline: | — Non. J'y suis allée en auto avec mon frère. |

| Maurice: | — Tu as fait beaucoup de ski? |
| Micheline: | — Beaucoup! Nous voulons y *retourner*. |
| Maurice: | — Quand? |
| Micheline: | — La semaine *prochaine*. Tu veux venir avec nous? |

| Maurice: | — D'accord. Est-ce que Jacques peut venir aussi? |
| Micheline: | — Bien sûr! |

DIALOGUE 6:

Jacques:      — Tu viens jouer au tennis, cet après-midi, Jacqueline?

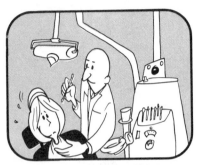

Jacqueline:      — Non, merci. J'ai rendez-vous chez le dentiste à deux heures.

Jacques:      — Tu as mal aux dents?

Jacqueline:      — Un peu. Tu n'as pas de cours aujourd'hui?

Jacques:      — Non, c'est congé.

Jacqueline:      — Mais ... tu n'as pas de travail?

Jacques:      — Oui. Je dois classer mes notes de cours. Et j'ai un travail *important* à terminer.

Jacqueline:      — Alors, tu ne peux pas aller jouer au tennis?

Jacques:      — Oui, oui, je vais trouver le temps.

Jacqueline:      — Ah oui? Et ton travail?

Jacques:      — Je vais le faire ce soir.

*Notre Dame de Bon Secours*

# PRÉSENTATIONS

## PRÉSENTATION 1A:

C'est un garçon.
C'est un jeune homme.
C'est un homme (un monsieur).

C'est une fille.
C'est une jeune fille.
C'est une femme (une dame).

Comment est-il?
Il est grand.
Il est petit.
Il est gros.

Comment est-elle?
Elle est grande.
Elle est petite.
Elle est grosse.

Ça va Gros-Jean?                Quoi?    Quoi?

## EXERCICES DE RENFORCEMENT

EXERCICE 1:

*Ex.:*   *S.  C'est un grand garçon.*
         *I.  une fille*
         *R.  C'est une grande fille.*

1.    S.  C'est un grand cinéma.
      I.  une cafétéria

2.    S.  C'est un gros bateau.
      I.  une auto

3.    S.  C'est un petit cinéma.
      I.  une discothèque

4.    S.  C'est un grand labo.
      I.  une salle de classe

5.    S.  C'est une petite auto.
      I.  un bateau

6.    S.  C'est une grosse jeune fille.
      I.  un jeune homme

7.    S.  C'est une grande maison.
      I.  un bureau

8.    S.  C'est une petite cravate.
      I.  un chapeau

EXERCICE 2:

| | |
|---|---|
| C'est un grand garçon. | |
| petit | C'est un petit garçon. |
| fille<br>maison<br>gros<br>garçon<br>grand<br>discothèque<br>petit<br>cinéma<br>salle de classe<br>jeune fille | |

EXERCICE 3:

| | |
|---|---|
| Le restaurant est petit? | Oui, c'est un petit restaurant. |
| Le centre d'achats est grand?<br>La boutique est petite?<br>La ville est grande?<br>L'auto est grosse?<br>Le bateau est petit?<br>Le dentiste est grand?<br>La rue est petite?<br>Le garçon est gros?<br>La discothèque est grande?<br>Le gymnase est petit? | |

## PHONÉTIQUE

EXERCICE 1:

*Répétez:*

1.    un gros(-z-)avion                         une grosse(-s-)auto
2.    un gros(-z-)étudiant                      une grosse(-s-)étudiante
3.    un gros(-z-)homme                         une grosse(-s-)femme

4.    un grand(-t-)ami                          une grande(-d-)amie
5.    un grand(-t-)aéroport                     une grande(-d-)auto
6.    un grand(-t-)étudiant                     une grande(-d-)étudiante
7.    un grand (-t-)homme                       une grande(-d-)femme

8.    un petit(-t-)ami                          une petite(-t-)amie
9.    un petit(-t-)aéroport                     une petite(-t-)affiche
10.   un petit(-t-)étudiant                     une petite(-t-)étudiante
11.   un petit(-t-)homme                        une petite(-t-)femme

EXERCICE 2:

*Ex.:*      S.  *C'est un gros avion.*

            I.  *auto*                          R.  *C'est une grosse auto.*

1.    I.   un aéroport
2.    I.   petit
3.    I.   une auto
4.    I.   gros
5.    I.   un étudiant
6.    I.   grand
7.    I.   une étudiante
8.    I.   un ouvrier

## EXERCICE DE CONVERSATION

*Répondez:*

1.    Quel âge avez-vous? Est-ce que vous avez un frère? Quel âge a-t-il? C'est votre grand frère ou votre petit frère?
2.    Est-ce que vous avez une soeur? Quel âge a-t-elle? C'est votre grande soeur ou votre petite soeur?
3.    Est-ce que vous avez un chien? Est-il gros ou petit?
4.    Comment est votre maison?
5.    Comment est l'auto de votre père?
6.    Comment est le jeune homme (ou la jeune fille) **devant** vous dans la salle de classe?
7.    Est-ce que Paris est une grande ville? Et Montréal? Comment est votre ville?
8.    Est-ce que votre école est grande ou petite? Combien est-ce qu'il y a d'étudiants dans votre école?
9.    Est-ce qu'il y a un centre d'achats dans votre ville? Combien de magasins est-ce qu'il y a? Est-ce que c'est un gros centre d'achats?
10.   Est-ce que vous voulez avoir une grosse ou une petite auto?

# PRÉSENTATION 1B:

C'est un jeune étudiant avec un vieux professeur. Le professeur est un vieil homme.

C'est une jeune étudiante avec une vieille étudiante.

C'est un nouveau bateau.

C'est un nouvel avion.

C'est une nouvelle voiture.

C'est un vieux bateau.

C'est un vieil avion.

C'est une vieille voiture.

C'est un nouveau chapeau. Est-ce que c'est un beau chapeau?

C'est un bel homme.

C'est une belle jeune fille.

## EXERCICES DE RENFORCEMENT

EXERCICE 1:

*Ex.: S. C'est un vieux cinéma.*
     *I. une discothèque*
     *R. C'est une vieille discothèque.*

1. S. C'est un nouveau stylo.
   I. une montre
2. S. C'est un nouveau professeur.
   I. un étudiant
3. S. C'est un beau manteau.
   I. une robe
4. S. C'est un jeune garçon.
   I. une fille
5. S. C'est un beau bateau.
   I. un avion
6. S. C'est un vieux professeur.
   I. un ouvrier
7. S. C'est un vieux monsieur.
   I. une dame
8. S. C'est un bon restaurant.
   I. une cafétéria
9. S. C'est un bon directeur.
   I. un étudiant
10. S. C'est un beau garçon.
   I. une fille

EXERCICE 2:

| C'est une nouvelle maison. | |
|---|---|
| restaurant | C'est un nouveau restaurant. |
| discothèque | |
| avion | |
| beau | |
| vieux | |
| cafétéria | |
| gymnase | |
| nouveau | |
| salle de classe | |
| beau | |
| bateau | |

EXERCICE 3:

| Guy a une voiture? | Oui, il a une vieille voiture. |
|---|---|
| Guy a un avion? | |
| Vous avez un stylo? | |
| Marie a une montre? | |
| J'ai un manteau? | |
| Monsieur Dumas a un avion? | |

EXERCICE 4:
Répétez l'exercice 3, en utilisant "beau" au lieu de "vieux".

EXERCICE 5:
Répétez l'exercice 3, en utilisant "nouveau" au lieu de "vieux".

EXERCICE 6:

Ex.:  S.  Il y a un jeune étudiant dans la rue.
      R.  Il y a de jeunes étudiants dans la rue.

1.   Il y a un gros avion à l'aéroport.
2.   Il y a une belle jeune fille à la discothèque.
3.   Il y a un nouveau cinéma à Ottawa.
4.   Il y a une petite boutique à Montréal.
5.   Il y a un vieil ouvrier dans le bureau.
6.   Il y a une bonne émission à la télévision.
7.   Il y a un grand étudiant dans la salle de classe.
8.   Il y a un beau drapeau dans l'école.
9.   Il y a une grosse maison à Montréal.
10.  Il y a un nouvel étudiant à l'école.

EXERCICE 7:

Ex.:  S.  C'est un jeune étudiant.
      I.  Il est français.
      R.  C'est un jeune étudiant français.

1.   S.  C'est un nouvel étudiant.
     I.  Il est américain.

2.   S.   C'est une petite robe.
     I.    Elle est bleue.

3.   S.   C'est un nouveau manteau.
     I.    Il est rouge.

4.   S.   C'est un vieux professeur.
     I.    Il est canadien.

5.   S.   C'est un gros avion.
     I.    Il est blanc.

EXERCICE 8:

| C'est une belle auto américaine. | |
|---|---|
| nouveau | C'est une nouvelle auto américaine. |
| canadien | |
| vieux | |
| rouge | |
| robe | |
| petit | |
| vert | |
| maison | |
| gros | |
| ville | |
| bateau | |
| bleu | |
| français | |
| beau | |
| ville | |
| grand | |

**EXERCICE 9:**

Complétez les phrases avec les mots suivants:

il est     c'est     elles sont     elle est     ils sont     ce sont (c'est)

1. _____ un jeune étudiant. _____ français.
2. Mon père a une nouvelle auto. _____ belle. _____ une auto américaine.
3. _____ mon frère. _____ grand.
4. _____ belles. _____ des étudiantes canadiennes.
5. _____ des vieux souliers. _____ noirs.
6. _____ monsieur Dumas. _____ professeur.

## PHONÉTIQUE

**EXERCICE 1:**

*Répétez:*

1. un grand(-t-)ami             de grands (-z-)amis
2. un petit(-t-)homme        de petits(-z-)hommes
3. un jeune ouvrier          de jeunes(-z-)ouvriers
4. un bon(-n-)étudiant       de bons(-z-)étudiants
5. un gros(-z-)avion         de gros(-z-)avions

**EXERCICE 2:**

*Répétez:*

1. une grande(-d-)amie       de grandes(-d-z-)amies
2. une petite(-t-)étudiante    de petites (-t-z-)étudiantes
3. une jeune amie           de jeunes(-z-)amies
4. une nouvelle année      de nouvelles (-z-)années

**EXERCICE 3:**

*Répétez:*

1. de grands(-z-)amis        de grandes(-d-z-)amies
2. de gros(-z-)autobus      de grosses(-s-z-)autos
3. de bons(-z-)hommes     de bonnes(-z-)émissions
4. de vieux(-z-)étudiants    de vieilles(-z-)étudiantes

**EXERCICE 4:**

*Répétez:*

1. un bel avion             de beaux(-z-)avions
2. un nouvel aéroport     de nouveaux(-z-)aéroports
3. un vieil autobus        de vieux (-z-)autobus

**EXERCICE 5:**

Ex.:   S. *de grandes amies*
       I.  *des ouvriers*           R.  *de grands ouvriers*

1. I.   un ouvrier
2. I.   petit
3. I.   des avions
4. I.   des autos
5. I.   bon
6. I.   des étudiants
7. I.   grand

8. I. des étudiantes
9. I. nouveau
10. I. des ouvriers

## GRAMMAIRE: les adjectifs

## A: LA FORME DES ADJECTIFS:*

| MASCULIN SINGULIER<br>Il est... | FÉMININ SINGULIER<br>Elle est... | MASCULIN PLURIEL<br>Ils sont... | FÉMININ PLURIEL<br>Elles sont... |
|---|---|---|---|
| grand<br>petit<br>vert<br>gris<br>anglais<br>français<br>merveilleux<br>blanc<br>gros<br>violet | grande<br>petite<br>verte<br>grise<br>anglaise<br>française<br>merveilleuse<br>blanche<br>grosse<br>violette | grands<br>petits<br>verts<br>gris<br>anglais<br>français<br>merveilleux<br>blancs<br>gros<br>violets | grandes<br>petites<br>vertes<br>grises<br>anglaises<br>françaises<br>merveilleuses<br>blanches<br>grosses<br>violettes |
| américain<br>brun<br>canadien<br>bon | américaine<br>brune<br>canadienne<br>bonne | américains<br>bruns<br>canadiens<br>bons | américaines<br>brunes<br>canadiennes<br>bonnes |
| beau<br>nouveau<br>vieux<br><br>C'est    bel<br>un    nouvel { avion<br>   vieil | belle<br>nouvelle<br>vieille | beaux<br>nouveaux<br>vieux | belles<br>nouvelles<br>vieilles |
| noir<br>bleu<br>orangé<br>indigo | noire<br>bleue<br>orangée<br>indigo | noirs<br>bleus<br>orangés<br>indigo | noires<br>bleues<br>orangées<br>indigo |
| jeune<br>jaune<br>rose<br>rouge<br>beige<br>**magnifique**<br>formidable<br>extraordinaire<br>fantastique<br>difficile | | jeunes<br>jaunes<br>roses<br>rouges<br>beiges<br>**magnifiques**<br>formidables<br>extraordinaires<br>fantastiques<br>difficiles | |

* Cette classification est faite à partir de la prononciation des adjectifs et non à partir de leur orthographe.

## B. LA POSITION DES ADJECTIFS:

D'habitude, ces adjectifs se placent devant le nom.

D'habitude, ces adjectifs se placent après le nom.

C'est un
grand
petit
gros
beau
nouveau
vieux
jeune
bon

NOM

beige
blanc
bleu
brun
gris
indigo
jaune
noir
orangé
rose
rouge
vert
violet

canadien
français
américain
anglais

merveilleux
fantastique
magnifique
formidable
extraordinaire

difficile

## EXERCICE DE CONVERSATION
AU VOLEUR!

*Répondez aux questions:*

1. Combien de personnages est-ce qu'il y a dans cette histoire?
2. *Décrivez* les personnages.
3. Comment est la maison de la grosse dame et du vieux monsieur? Comment est leur voiture? Est-ce que c'est une voiture française?
4. Comment est la maison du jeune homme et de la jeune fille? Comment est leur voiture? Est-ce que c'est une nouvelle voiture?
5. Où est-ce que les quatre personnages vont?
6. Quelle heure est-il quand ils arrivent au magasin?
7. Quelle heure est-il quand ils partent du magasin?
8. Le monsieur du magasin crie. Pourquoi?
9. Qui est le voleur (la voleuse)?
10. Qu'est-ce qu'il (ou elle) a volé? Comment le savez-vous?

## PRÉSENTATION 2:

J'ai acheté cet avion-là ce matin.

## EXERCICES DE RENFORCEMENT

### EXERCICE 1:

| Qu'est-ce que tu fais ce soir? | |
|---|---|
| après-midi | Qu'est-ce que tu fais cet après-midi? |
| matin<br>soir<br>après-midi<br>automne<br>hiver<br>printemps<br>été | |

### EXERCICE 2:

| A qui le livre? | Ce livre-là est à moi. |
|---|---|
| A qui la montre?<br>A qui l'auto?<br>A qui le manteau?<br>A qui les skis?<br>A qui l'avion?<br>A qui la chemise?<br>A qui le livre?<br>A qui les souliers?<br>A qui le stylo?<br>A qui l'argent? | |

**GRAMMAIRE: l'adjectif démonstratif**

| | | | |
|---|---|---|---|
| MASCULIN SINGULIER | Ce | garçon<br>livre<br>bureau<br>manteau | (-là) |
| | Cet | étudiant<br>homme<br>ouvrier | (-là) |
| FÉMININ SINGULIER | Cette | étudiante<br>jeune fille<br>robe<br>salle de classe<br>auto | (-là) |
| MASCULIN et FÉMININ PLURIEL | Ces | garçons<br>étudiants<br>étudiantes<br>hommes<br>femmes | (-là) |

# PRÉSENTATION 3:

Ça m'ennuie, cette musique-là.

## EXERCICES DE RENFORCEMENT

EXERCICE 1:

| La musique moderne, ça m'ennuie. | |
| --- | --- |
| Et Paul? | Ça l'ennuie. |
| Et moi?<br>Vous et moi?<br>Et toi, Pierre?<br>Bill et Guy?<br>Et Micheline?<br>Et vous? | |

EXERCICE 2:

Faire l'exercice précédent à la forme négative. (Ex.: Ça ne l'ennuie pas, etc...)

EXERCICE 3:

Ex.: S. *Est-ce que vous avez vu le professeur?*
     R₁. *Oui, je l'ai vu.*
     R₂. *Non, je ne l'ai pas vu.*

1. Est-ce que vous écoutez la radio?
2. Est-ce que vous avez vu ce film-là?
3. Est-ce que Pierre regarde Monique et Micheline?
4. Est-ce que j'ai fait mon travail?
5. Est-ce que vous m'écoutez?
6. Est-ce que le directeur nous regarde?
7. Est-ce que Guy vous ennuie?
8. Est-ce que vous allez finir votre travail ce soir?
9. Est-ce que Monique a acheté les skis?
10. Est-ce que ces questions-là vous ennuient?

EXERCICE 4:

Ex.: 1. S. *Je regarde Micheline.*
        R. *Je la regarde.*
     2. S. *Je parle à Micheline.*
        R. *Je lui parle.*

1. Paul téléphone à Pierre.
2. Bill écoute le professeur.
3. Nous finissons notre travail.
4. Nous parlons aux étudiants.
5. Ils regardent les étudiants.
6. Jacques peut téléphoner à Marie.
7. La musique ennuie son père.
8. Paul parle à son père.
9. Les jeunes hommes écoutent les jeunes filles.
10. Monsieur Dumas a vu le film.
11. Monique a compris le film.
12. J'ai acheté les livres.
13. M. Lesourd a téléphoné à M. Lefort.
14. Nous allons parler aux étudiants.
15. Je n'ai pas téléphoné à Bill.

**GRAMMAIRE: l'objet direct et l'objet indirect**

| L'OBJET DIRECT | | | | |
|---|---|---|---|---|
| Il regarde | le professeur.<br>la jeune fille.<br>les étudiants. | Il | le<br>la<br>les | regarde. |

Les verbes "acheter", "faire", "finir", "ennuyer", "regarder", "écouter", "étudier", "manger", "avoir", "prendre", "comprendre" ... demandent l'objet direct.

| L'OBJET INDIRECT | | | | |
|---|---|---|---|---|
| Il parle | au professeur.<br>à la jeune fille.<br>aux étudiants. | Il | lui<br>lui<br>leur | parle. |

Les verbes "parler", "téléphoner" ... demandent l'objet indirect.

| L'OBJET DIRECT | L'OBJET DIRECT ET L'OBJET INDIRECT | | L'OBJET INDIRECT |
|---|---|---|---|
| | Il me | regarde.<br>parle. | |
| | Il te | regarde.<br>parle. | |
| Il le / la regarde. | | | Il lui parle. |
| | Il nous | regarde.<br>parle. | |
| | Il vous | regarde.<br>parle. | |
| Il les regarde. | | | Il leur parle. |

**EXERCICE DE CONVERSATION**

*Répondez:*

1. Qu'est-ce que vous aimez regarder à la télévision?
2. Qu'est-ce qui vous ennuie à la télévision?
3. Est-ce que vous regardez un sport à la télévision? Est-ce que vous le regardez souvent? Quelquefois? Pourquoi?
4. Est-ce que vous aimez la musique classique?
5. Quels livres est-ce que vous aimez lire? Est-ce que vous lisez beaucoup?
6. Est-ce que vous aimez les grandes villes ou les petites villes? Pourquoi est-ce que vous n'aimez pas les grandes (ou les petites) villes?
7. Vous avez beaucoup d'argent. Qu'est-ce que vous voulez acheter?
8. Qu'est-ce qui vous ennuie à l'école?
9. Est-ce que vous aimez ça, visiter les **musées**? Quels musées est-ce que vous avez visités?
10. Quels films est-ce que vous aimez voir? Quels films vous ennuient?

## PRÉSENTATION 4:

Ils jouent aux échecs.

Ils jouent aux cartes.

— Qu'est-ce que tu as l'intention de faire?
— J'ai l'intention de faire un peu
  de natation.
— C'est une bonne idée.

## EXERCICES DE RENFORCEMENT

EXERCICE 1:

| Ils font une partie de cartes. | |
|---|---|
| échecs | Ils font une partie d'échecs. |
| Jacques<br>un match<br>ballon-panier<br>Et moi?<br>une partie<br>cartes<br>Et vous?<br>échecs | |

EXERCICE 2:

| | |
|---|---|
| Qu'est-ce que vous avez l'intention de faire? | |
| Et Bill? | Qu'est-ce qu'il a l'intention de faire? |
| Vous et moi?<br>Monique et Micheline?<br>Et vous?<br>Et moi?<br>Et moi, Pierre?<br>Et nous?<br>Les étudiants? | |

EXERCICE 3:

| | |
|---|---|
| J'ai l'intention de finir mon travail. | |
| aller à la discothèque | J'ai l'intention d'aller à la discothèque. |
| faire de la natation<br>acheter une auto<br>prendre l'avion<br>jouer au ballon-panier<br>visiter la ville<br>faire une partie d'échecs<br>écouter de la musique<br>manger au restaurant<br>téléphoner à Nicole | |

## EXERCICE DE CONVERSATION

*Répondez:*

1. Est-ce que vous faites beaucoup de natation?
2. Quand vous voulez faire de la natation, où est-ce que vous allez?
3. Est-ce que vous aimez ça, jouer aux cartes?
4. Est-ce que vous pouvez jouer au **bridge**, au **poker**?
5. Les échecs, est-ce que ça vous ennuie? Est-ce que vous savez jouer aux échecs?
6. Qu'est-ce que vous avez l'intention de faire vendredi soir? Samedi? Dimanche?
7. Est-ce que vous avez l'intention d'aller à l'**université**? Est-ce que c'est une bonne idée?
8. Qu'est-ce que vous avez l'intention d'étudier à l'Université?
9. Quand vous allez finir vos études, qu'est-ce que vous avez l'intention de faire?
10. Êtes-vous allé à Montréal? A Paris? Est-ce que vous avez l'intention d'y aller?

# VOCABULAIRE SUPPLÉMENTAIRE

Mon père a acheté une nouvelle maison. Elle est verte et blanche. C'est une belle grande maison avec beaucoup de **pièces.** Il y a un grand **sous-sol** avec une **salle de jeux** et on peut y **organiser** des **partys.** Au **rez-de-chaussée,** il y a la cuisine, la **salle à manger,** la **salle de séjour** et une **salle de bain.** Dans la salle de séjour, il y a un beau **foyer.** A l'**étage,** il y a quatre **chambres** et une autre salle de bain. Moi, j'ai une petite chambre mais mes deux soeurs ont une grande chambre parce qu'elles ont beaucoup de vêtements et de livres.

Ce soir, mon **oncle** et ma **tante** viennent manger **chez nous.** Je n'aime **pas** ça **du tout** parce que je dois **rester** à la maison. Comme d'habitude, mon oncle et mon père vont parler de **politique.** Moi, la politique, ça m'ennuie. Ils vont partir **avant** onze heures, **j'espère.** Il y a un bon film à la télévision et je veux le regarder.

*Répondez aux questions:*

1. Comment est la maison du jeune homme?
2. Combien de pièces est-ce qu'il y a dans la maison?
3. Quelles pièces y a-t-il au rez-de-chaussée? A l'étage? Au sous-sol?
4. Qu'est-ce qu'il y a dans la salle de séjour?
5. Qu'est-ce que le jeune homme peut faire dans la salle de jeux?
6. Pourquoi est-ce que les soeurs du jeune homme ont une grande chambre?
7. Qui va manger chez le jeune homme ce soir? Pourquoi est-ce que ça l'ennuie?
8. De quoi est-ce que son père et son oncle **vont parler?** Est-ce que le jeune homme aime ça?
9. Qu'est-ce que le jeune homme veut faire à onze heures?
10. Comment est votre maison? Votre chambre? Est-ce qu'il y a un sous-sol dans votre maison? Est-ce que vous pouvez y organiser des partys?
11. La politique, est-ce que ça vous ennuie?
12. Est-ce que vous avez des oncles et des tantes? Est-ce qu'ils vont **chez vous** quelquefois?

1. L'étage
2. Rez-de-chaussée
3. Sous-sol
4. Salle de jeux
5. Cuisine
6. Salle à manger
7. Salle de séjour
8. Chambres
9. Salle de bain

3,19

# CONSTRUCTION DE PHRASES

*Exemple:*

a) *Venir, cinéma?*
b) *Temps.*
c) *Pourquoi?*
d) *Notes de cours.*
e) *Samedi?*
f) *Non, Montréal, père.*

a) *Tu veux venir au cinéma avec moi?*
b) *Non, je n'ai pas le temps.*
c) *Pourquoi est-ce que tu n'as pas le temps?*
d) *Parce que j'ai des notes de cours à classer.*
e) *Tu ne peux pas les classer samedi?*
f) *Non, samedi, je vais à Montréal avec mon père.*

1. a) Où?
   b) Dentiste.
   c) Pourquoi?
   d) Dents.
   e) Bon?
   f) Excellent.
   g) Je, pouvoir, aller, toi?
   h) Rendez-vous?
   i) Non.
   j) Pouvoir, pas, venir.

2. a) Samedi passé, aller, Toronto.
   b) Père?
   c) Non, oncle.
   d) Prendre, train?
   e) Non, prendre, nouveau, auto.
   f) Comment?
   g) Gros, américain.

3. a) Aller, souvent, discothèque?
   b) Non, rarement.
   c) Aimer ça?
   d) Non, ennuie.

4. a) Venir, ski?
   b) Où?
   c) Val-David.
   d) Qui?
   e) Monique, Nicole.
   f) Quand?
   g) Samedi.
   h) D'accord.

5. a) Venir, regarder, match, hockey?
   b) Où?
   c) Chez nous, télévision, sous-sol.
   d) Commencer?
   e) Sept heures.
   f) Finir?
   g) Onze heures.
   h) D'accord.

6. a) Où?
   b) Magasin.
   c) Pourquoi?
   d) Manteau, froid.

7. a) Oncle, acheter, avion.
   b) Comment?
   c) Petit, rouge.
   d) Aller?
   e) Non, peur.

8. a) Maman, où, papa?
   b) Sous-sol.
   c) Faire?
   d) Échecs.
   e) Qui?
   f) Oncle Bill.

9. a) Qui, vieux, homme?
   b) Professeur, mathématiques.
   c) Canadien?
   d) Américain.
   e) Bon?
   f) Excellent.

10. a) Où, soeur, Nicole?
    b) Maison.
    c) Téléphoner?
    d) Bien sûr, pourquoi?
    e) Parler.
    f) Pourquoi?
    g) Intention, cinéma, elle.

**LABORATOIRE**

# PHONÉTIQUE

EXERCICE 1:

*Répétez:*

1. un gros(-z-)avion                    une grosse(-s-)auto
2. un gros(-z-)étudiant                 une grosse(-s-)étudiante
3. un gros(-z-)homme                    une grosse(-s-)femme

4. un grand(-t-)ami                     une grande(-d-)amie
5. un grand(-t-)aéroport               une grande(-d-)auto
6. un grand(-t-)étudiant               une grande(-d-)étudiante
7. un grand(-t-)homme                  une grande(-d-)femme

8. un petit(-t-)ami                     une petite(-t-)amie
9. un petit(-t-)aéroport               une petite(-t-)affiche
10. un petit(-t-)étudiant              une petite(-t-)étudiante
11. un petit(-t-)homme                 une petite(-t-)femme

EXERCICE 2:

*Ex.: S. C'est un gros avion.*
    *I. auto*                        *R. C'est une grosse auto.*

1. I. un aéroport              R. C'est un gros aéroport.
2. I. petit                   R. C'est un petit aéroport.
3. I. une auto                R. C'est une petite auto.
4. I. gros                    R. C'est une grosse auto.
5. I. un étudiant             R. C'est un gros étudiant.
6. I. grand                   R. C'est un grand étudiant.
7. I. une étudiante           R. C'est une grande étudiante.
8. I. un ouvrier              R. C'est un grand ouvrier.

EXERCICE 3:

*Répétez:*

1. un grand(-t-)ami           de grands(-z-)amis
2. un petit(-t-)homme         de petits(-z-)hommes
3. un jeune ouvrier           de jeunes(-z-)ouvriers
4. un bon(-n-)étudiant        de bons(-z-)étudiants
5. un gros(-z-)avion          de gros(-z-)avions

EXERCICE 4:

*Répétez:*

1. une grande(-d-)amie        de grandes(-d-z-)amies
2. une petite(-t-)étudiante   de petites(-t-z-)étudiantes
3. une jeune amie             de jeunes(-z-)amies
4. une nouvelle année         de nouvelles(-z-)années

## EXERCICE 5:

*Répétez:*

1. de grands(-z-)amis
2. de gros(-z-)autobus
3. de bons(-z-)hommes
4. de vieux(-z-)étudiants

de grandes(-d-z-)amies
de grosses (-s-z-)autos
de bonnes(-z-)émissions
de vieilles(-z-)étudiantes

## EXERCICE 6:

*Répétez:*

1. un bel avion
2. un nouvel aéroport
3. un vieil autobus

de beaux(-z-)avions
de nouveaux(-z-)aéroports
de vieux(-z-)autobus

## EXERCICE 7:

*Ex.: S. de grandes amies*
*I. des ouvriers*

*R. de grands ouvriers*

1. I. un ouvrier — R. un grand ouvrier
2. I. petit — R. un petit ouvrier
3. I. des avions — R. de petits avions
4. I. des autos — R. de petites autos
5. I. bon — R. de bonnes autos
6. I. des étudiants — R. de bons étudiants
7. I. grand — R. de grands étudiants
8. I. des étudiantes — R. de grandes étudiantes
9. I. nouveau — R. de nouvelles étudiantes
10. I. des ouvriers — R. de nouveaux ouvriers

# EXERCICES STRUCTURAUX

## EXERCICE 1:

*Ex.: S. C'est un grand gymnase.*
*I. une manifestation*
*R. C'est une grande manifestation.*

1. S. C'est un petit cinéma.
   I. une ville     R. C'est une petite ville.
2. S. C'est un gros chien.
   I. une cloche     R. C'est une grosse cloche.
3. S. C'est un grand défilé.
   I. une cuisine     R. C'est une grande cuisine.
4. S. C'est un gros nuage.
   I. une maison     R. C'est une grosse maison.
5. S. C'est un petit classeur.
   I. une usine     R. C'est une petite usine.
6. S. C'est un grand garçon.
   I. une fille     R. C'est une grande fille.
7. S. C'est un petit stade.
   I. une auto sport     R. C'est une petite auto sport.

EXERCICE 2:

Ex.: S. *Ce sont des autos.*
    I. *petit*          R. *Ce sont de petites autos.*

1. S. Ce sont des policiers.
    I. gros          R. Ce sont de gros policiers.

2. S. Ce sont des autos.
    I. petit          R. Ce sont de petites autos.

3. S. Ce sont des bateaux.
    I. grand          R. Ce sont de grands bateaux.

4. S. Ce sont des pancartes.
    I. gros          R. Ce sont de grosses pancartes.

5. S. Ce sont des nuages.
    I. petit          R. Ce sont de petits nuages.

6. S. Ce sont des chiens.
    I. gros          R. Ce sont de gros chiens.

7. S. Ce sont des manifestations.
    I. grand          R. Ce sont de grandes manifestations.

EXERCICE 3:

Ex.: S. *C'est un vieux professeur.*
    I. *un avion*          R. *C'est un vieil avion.*

1. S. C'est un nouveau stade.
    I. un ami          R. C'est un nouvel ami.

2. S. C'est un beau concert.
    I. une montre          R. C'est une belle montre.

3. S. C'est un nouveau drapeau.
    I. un avion          R. C'est un nouvel avion.

4. S. C'est un vieux chandail.
    I. une émission          R. C'est une vieille émission.

5. S. C'est un beau restaurant.
    I. un examen          R. C'est un bel examen.

6. S. C'est un vieux cinéma.
    I. un ouvrier          R. C'est un vieil ouvrier.

7. S. C'est un nouveau gymnase.
    I. une boutique          R. C'est une nouvelle boutique.

8. S. C'est un beau chien.
    I. une maison          R. C'est une belle maison.

EXERCICE 4:

Ex.: S. *C'est une robe.*
    I. *Elle est bleue.*          R. *C'est une robe bleue.*

1. S. C'est un concert.
    I. Il est merveilleux.          R. C'est un concert merveilleux.

2. S. Ce sont des souliers.
    I. Ils sont beaux.          R. Ce sont de beaux souliers.

3. S. Ce sont des skis.
    I. Ils sont petits.          R. Ce sont de petits skis.

4. S. C'est une blouse.
    I. Elle est blanche.          R. C'est une blouse blanche.

5. S. C'est un étudiant.
    I. Il est français.          R. C'est un étudiant français.

6. S. C'est un défilé.
   I. Il est extraordinaire.      R. C'est un défilé extraordinaire.
7. S. C'est un avion.
   I. Il est nouveau.      R. C'est un nouvel avion.
8. S. C'est un test.
   I. Il est difficile.      R. C'est un test difficile.

EXERCICE 5:

Ex.: S. C'est une nouvelle cravate.
     I. Elle est bleue.      R. C'est une nouvelle cravate bleue.

1. S. C'est un vieux drapeau.
   I. Il est français.      R. C'est un vieux drapeau français.
2. S. C'est un petit chandail.
   I. Il est brun.      R. C'est un petit chandail brun.
3. S. Ce sont de petits souliers.
   I. Ils sont noirs.      R. Ce sont de petits souliers noirs.
4. S. C'est une nouvelle auto.
   I. Elle est anglaise.      R. C'est une nouvelle auto anglaise.
5. S. C'est une grosse maison.
   I. Elle est rouge.      R. C'est une grosse maison rouge.
6. S. C'est une belle montre.
   I. Elle est américaine.      R. C'est une belle montre américaine.

EXERCICE 6:

Ex.: S. A qui la montre? A vous?
     R. Oui, cette montre-là est à moi.

1. S. A qui les lunettes? A lui?
   R. Oui, ces lunettes-là sont à lui.
2. S. A qui le cahier? A elle?
   R. Oui, ce cahier-là est à elle.
3. S. A qui l'argent? A moi?
   R. Oui, cet argent-là est à vous.
4. S. A qui la chemise? A vous?
   R. Oui, cette chemise-là est à moi.
5. S. A qui le réveille-matin? A elle?
   R. Oui, ce réveille-matin-là est à elle.
6. S. A qui les chiens? A eux?
   R. Oui, ces chiens-là sont à eux.

EXERCICE 7:

Ex.: S. Le hockey, ça ennuie Micheline.
     I. Et Pierre?      R. Le hockey, ça l'ennuie.

1. S. La radio, ça ennuie Paul.
   I. Et moi, Michel?      R. La radio, ça t'ennuie.
2. S. Les défilés, ça ennuie M. Dumas.
   I. Et vous?      R. Les défilés, ça m'ennuie.
3. S. Le cinéma, ça ennuie Jacqueline.
   I. Et Nicole?      R. Le cinéma, ça l'ennuie.
4. S. Le football, ça ennuie Bill.
   I. Vous et moi?      R. Le football, ça nous ennuie.

5. S. La télévision, ça ennuie Guy.
    I. Et moi?             R. La télévision, ça vous ennuie.
6. S. Les manifestations, ça ennuie Nicole.
    I. M. et Mme Tremblay?        R. Les manifestations, ça les ennuie.

## EXERCICE 8:

*Ex.: S. Est-ce que Guy regarde souvent la télévision?*
*    R. Oui, il la regarde souvent.*

1. S. Est-ce que vous écoutez quelquefois la radio?
    R. Oui, je l'écoute quelquefois.
2. S. Vous et moi, est-ce que nous avons vu ce film-là?
    R. Oui, nous l'avons vu.
3. S. Est-ce que le policier regarde Louise?
    R. Oui, il la regarde.
4. S. Est-ce que vous avez acheté ces skis-là au centre d'achats?
    R. Oui, je les ai achetés au centre d'achats.
5. S. Est-ce que le directeur nous regarde, vous et moi?
    R. Oui, il nous regarde.
6. S. Est-ce que Jacqueline m'écoute?
    R. Oui, elle vous écoute.

## EXERCICE 9:

*Ex.: S. Est-ce que Pierre a fini son travail?*
*    R. Oui, il l'a fini.*

1. S. Est-ce que le professeur parle à Mme Lesourd?
    R. Oui, il lui parle.
2. S. Est-ce que vous avez vu ce bon film-là?
    R. Oui, je l'ai vu.
3. S. Est-ce que Guy a téléphoné à Micheline?
    R. Oui, il lui a téléphoné.
4. S. Vous et moi, est-ce que nous allons classer nos notes de cours?
    R. Oui, nous allons les classer.
5. S. Est-ce que les étudiants ont écouté ces disques-là?
    R. Oui, ils les ont écoutés.
6. S. Est-ce que Micheline et Pierre regardent la télévision?
    R. Oui, ils la regardent.
7. S. Est-ce que le directeur a parlé aux étudiants?
    R. Oui, il leur a parlé.

## EXERCICE 10:

*Ex.: S. J'ai l'intention de lire.*
*    I. travailler              R. J'ai l'intention de travailler.*

1. I. vous et moi             R. Nous avons l'intention de travailler.
2. I. regarder un match      R. Nous avons l'intention de regarder un match.
3. I. M. et Mme Tremblay     R. Ils ont l'intention de regarder un match.
4. I. faire de la natation      R. Ils ont l'intention de faire de la natation.
5. I. Nicole                 R. Elle a l'intention de faire de la natation.
6. I. classer ses notes de cours   R. Elle a l'intention de classer ses notes de cours.
7. I. vous                   R. J'ai l'intention de classer mes notes de cours.

# CONVERSATION

**DIALOGUE 1:**

| | |
|---|---|
| Le Professeur: | — Jacques! |
| Jacques: | — Oui, Monsieur. |
| Le Professeur: | — Tu m'écoutes? |
| Jacques: | — Oui, Monsieur. |
| Le Professeur: | — Tu me regardes mais tu ne m'écoutes pas. Ça t'ennuie, le français? |
| Jacques: | — Non, Monsieur. |
| Le Professeur: | — *Alors,* qu'est-ce qu'il y a? |
| Jacques: | — Je suis très *fatigué,* Monsieur. Je n'ai pas dormi, la nuit passée. |
| Le Professeur: | — Ah! Pourquoi? |
| Jacques: | — Parce que mon oncle et ma tante sont chez nous. Leur petite fille et leur petit garçon ont crié toute la nuit. Leur chambre est juste à côté de ma chambre. |
| Le Professeur: | — Quand est-ce qu'ils vont partir? |
| Jacques: | — Ils veulent partir demain. Ce soir, moi, je ne veux pas rester à la maison. J'ai l'intention d'aller chez Guy. |
| Le Professeur: | — C'est une bonne idée, mais est-ce qu'il y a de la *place* chez Guy? |
| Jacques: | — Oui, j'y vais souvent et il a une belle grande maison. |
| Le Professeur: | — Alors, tu vas pouvoir étudier ce soir, j'espère. |
| Jacques: | — Oui, Monsieur. Guy n'a pas de petits frères. |
| Le Professeur: | — Est-ce qu'il a des petites soeurs? |
| Jacques: | — Il a une grande soeur, Monsieur. |
| Le Professeur: | — Ah! |

**DIALOGUE 2:**

| | |
|---|---|
| L'oncle Charles: | — Brigitte! Martin! Qu'est-ce que vous allez faire cet après-midi? |
| Martin: | — C'est congé. Comme d'habitude, je vais aller faire un peu de natation. |
| L'oncle Charles: | — C'est une bonne idée. Et toi, Brigitte? |
| Brigitte: | — Moi, je reste à la maison. Je dois finir mon travail. Mais pourquoi *toutes* ces *questions*-là, oncle Charles? |
| L'oncle Charles: | — Nous voulons faire une partie d'échecs, votre père et moi. |
| Brigitte: | — J'ai l'intention de travailler, mais je vais aussi trouver le temps d'écouter de la musique. |
| L'oncle Charles: | — Chez Jacqueline? |
| Brigitte: | — Mais non, ici, dans la salle de séjour. |
| L'oncle Charles: | — Ah! |
| Brigitte: | — Ça ne vous ennuie pas, j'espère? |
| L'oncle Charles: | — Pas du tout. |

DIALOGUE 3:

UNE *RÉUNION* DU *CLUB* FRANÇAIS

| | |
|---|---|
| *Président:* | Gilles |
| *Vice-Présidente:* | Denise |
| *Secrétaire:* | Jean |
| *Trésorière:* | Johanne |

| | |
|---|---|
| Gilles: | — Ce soir, nous allons parler du party du Club français. D'abord, quand est-ce qu'on le fait? |
| Denise: | — Est-ce qu'on peut le faire le 23 septembre? C'est un samedi. |
| Johanne: | — Non, nous n'avons pas le temps de le *préparer.* |
| Jean: | — Moi, je *suggère* le samedi, 7 octobre. |
| Gilles: | — Est-ce que tout le monde est d'accord? |
| Johanne, Denise et Jean: | — Oui, on est d'accord. |
| Gilles: | — Deuxième question: où est-ce qu'on le fait? |
| Jean: | — Pourquoi pas chez vous, Gilles? |
| Gilles: | — Non, pas chez nous, c'est trop petit. Et puis, mes petits frères dorment à 9 heures et on ne peut pas faire de bruit. |
| Denise: | — On peut le faire chez nous. Nous avons une grande maison et je n'ai pas de petits frères. |
| Jean: | — Est-ce que tes *parents* vont vouloir? |
| Denise: | — Bien sûr! |
| Gilles: | — Alors c'est *parfait,* on le fait chez Denise. |
| Johanne: | — Et qu'est-ce qu'on organise pour le party? |
| Jean: | — On va danser, on va chanter, on va boire et on va manger. On va aussi faire des *jeux.* |
| Denise: | — Nous avons un grand sous-sol. On peut y danser. |
| Gilles: | — Est-ce qu'il y a un *tourne-disques* dans le sous-sol? |
| Denise: | — Bien sûr! Et beaucoup de *disques.* |
| Johanne: | — Guy et Paul vont apporter leurs *instruments de musique.* Guy a une *guitare électrique* et Paul a une *batterie.* |
| Jean: | — Moi, je joue du *piano* mais je ne peux pas l'apporter. |
| Gilles: | — Ah! Ah! Tu es *comique.* |
| Denise: | — Dans la salle de séjour, on peut écouter des disques. On va faire un beau *feu* dans le foyer. |
| Johanne: | — Je vais apporter mes disques de Félix Leclerc, de Gilles Vigneault, de Jean-Pierre Ferland et de Robert Charlebois... |
| Gilles: | — Et moi, j'ai des disques de Gilbert Bécaud, de Jacques Brel et de Charles Aznavour. |
| Jean: | — C'est magnifique. Et où est-ce qu'on va manger? |
| Denise: | — Dans la salle à manger et dans la cuisine. Je vais préparer des *petits plats* avec Johanne. |
| Gilles: | — Parfait. Et maintenant, les jeux. |
| Denise: | — On peut jouer aux cartes et aux échecs. |
| Jean: | — Tu es *folle!* C'est un party, pas une réunion de professeurs. |
| Johanne: | — On peut faire des *charades.* |

| | |
|---|---|
| Gilles: | — Oui, et on peut *demander* à tout le monde de préparer un dialogue comique en français. |
| Denise: | — Ça, c'est une bonne idée. On va *rire*. |
| Jean: | — On peut aussi *présenter* le film "Hélicoptère Canada". On peut l'avoir de l'Office National du Film. |
| Gilles: | — C'est en français? |
| Jean: | — Oui et on peut avoir le *projecteur* de l'école. |
| Gilles: | — Bravo! Je vais écrire à l'O.N.F. ce soir. On va passer une bonne soirée.. |
| Johanne: | — Est-ce qu'on a presque fini? Je dois partir. |
| Gilles: | — Oui, on a fini. *Salut* tout le monde et à la semaine *prochaine*. |

Montreal

## PRÉSENTATION 1:

De quel côté allez-vous?

## EXERCICES DE RENFORCEMENT

EXERCICE 1:

*Ex.: S. Quand est-ce que vous allez au cinéma?*
*R. Quand allez-vous au cinéma?*

 1. Où est-ce que nous travaillons ce soir?
 2. Est-ce que vous avez le temps de finir votre travail?
 3. Où est-ce qu'il va?
 4. Quand est-ce qu'il travaille?
 5. Pourquoi est-ce qu'il chante?
 6. Où est-ce qu'ils vont?
 7. Est-ce qu'ils ont une auto?
 8. A qui est-ce que vous téléphonez?
 9. A qui est-ce qu'il a parlé?
10. Pourquoi est-ce qu'il est allé au magasin?

EXERCICE 2:

*Ex.: 1. S. Il est parti à quatre heures.*      *2. S. Je suis allé au gymnase.*
*     R. Quand est-il parti?*                  *   R. Où êtes-vous allé?*

 1. Nous allons à Toronto.
 2. J'ai acheté ce manteau au centre d'achats.
 3. Non, je n'ai pas fini mon travail.
 4. Oui, je peux aller au cinéma ce soir.
 5. Il est arrivé à neuf heures.
 6. Nous avons parlé à monsieur Tremblay.
 7. Ils peuvent étudier dans le bureau.
 8. Ma maison est blanche et verte.
 9. Cette auto est à mon père.
10. Non, je n'aime pas ça, l'hiver.

EXERCICE 3:

| De quel côté allez-vous? | |
|---|---|
| Pierre<br>Ottawa<br>Et moi?<br>Winnipeg | De quel côté va-t-il?<br>Il va du côté d'Ottawa.<br>De quel côté allez-vous?<br>Vous allez du côté de Winnipeg. |
| Et Jacques?<br>Montréal<br>Vous et moi?<br>Val-David<br>Bill et Pierre?<br>Magog<br>Et moi, Paul?<br>Saskatoon<br>Et Nicole?<br>Toronto<br>Et moi?<br>Québec | |

## PHONÉTIQUE

*Répétez:*

1. Chanté-t-il?
2. Écouté-t-elle?
3. Étudié-t-il?
4. Téléphoné-t-elle?

5. Travaillé-t-il?
6. Arrivé-t-il?
7. Mangé-t-elle?
8. Va-t-elle au cinéma?
9. A-t-il mangé?

## GRAMMAIRE: l'interrogation

| | | | | | |
|---|---|---|---|---|---|
| (Quand) | Est-ce que je chante?<br>Est-ce que tu étudies?<br>Est-ce qu'il travaille?<br>Est-ce qu'elle mange?<br>Est-ce qu'on téléphone?<br>Est-ce que nous finissons?<br>Est-ce que vous arrivez?<br>Est-ce qu'ils partent?<br>Est-ce qu'elles jouent? | OU | (Quand) | Est-ce que je chante?<br>Étudies-tu?<br>Travaille-t-il?<br>Mange-t-elle?<br>Téléphone-t-on?<br>Finissons-nous?<br>Arrivez-vous?<br>Partent-ils?<br>Jouent-elles? |
| (Quand) | Est-ce que j'ai chanté?<br>Est-ce que tu vas étudier?<br>Est-ce qu'il doit travailler?<br>Est-ce qu'elle veut manger?<br>Est-ce qu'on peut téléphoner?<br>Est-ce que nous avons fini?<br>Est-ce que vous allez arriver?<br>Est-ce qu'ils doivent partir?<br>Est-ce qu'elles veulent jouer? | OU | (Quand) | Est-ce que j'ai chanté?<br>Vas-tu étudier?<br>Doit-il travailler?<br>Veut-elle manger?<br>Peut-on téléphoner?<br>Avons-nous fini?<br>Allez-vous arriver?<br>Doivent-ils partir?<br>Veulent-elles jouer? |

# EXERCICE DE CONVERSATION

*Racontez l'histoire et imaginez la conversation:*

1.

2.

3.

Montréal

4.

5.

6.

## PRÉSENTATION 2:

Crois-tu qu'il va faire beau demain?

## EXERCICES DE RENFORCEMENT

### EXERCICE 1:

| | |
|---|---|
| Je crois qu'il va faire beau. | |
| Et Jacques? | Il croit qu'il va faire beau. |
| Vous et moi?<br>Paul et Guy?<br>Et moi, Pierre?<br>Et vous?<br>Et Micheline?<br>Et nous?<br>Et monsieur Tremblay? | |

### EXERCICE 2:

*Ex.:*  *S. Nous pouvons partir.*
     *R. Je crois que nous pouvons partir.*

1. Maurice et Gilles sont à Montréal.
2. Il va faire soleil.
3. Le hockey est un beau sport.
4. Les voitures françaises sont de belles voitures.
5. D'habitude, les étudiants travaillent trop!
6. Le français n'est pas difficile.
7. Ça coûte cher, une moto.
8. Il y a trop de neige en hiver.
9. On regarde trop la télévision.
10. Je vais aller au cinéma samedi soir.

## GRAMMAIRE

Je crois qu'il va faire beau.
Tu crois qu'il va faire beau.

Il
Elle | croit qu'il va faire beau.
On

Nous croyons qu'il va faire beau.
Vous croyez qu'il va faire beau.

Ils
Elles| croient qu'il va faire beau.

## EXERCICE DE CONVERSATION

Mon père dit qu'il n'aime pas la musique **moderne.** Moi, je crois que mon père ne comprend pas la musique moderne. Je crois qu'il ne comprend pas la musique du tout. Il ne veut pas que j'achète des **disques** parce qu'il dit toujours que ça fait du bruit. Je crois que je vais acheter un **tourne-disque** et que je vais le **mettre** dans ma chambre. Je crois aussi que je vais travailler au magasin le samedi parce que je n'ai pas d'argent *pour* acheter des disques. Je veux aussi acheter une **guitare** mais ma soeur veut un **piano** et mon père aime le piano. Il croit, comme d'habitude, que la guitare, ça fait du bruit. Je lui ai dit que je veux une guitare classique, non une guitare **électrique,** mais il ne comprend pas. Je crois qu'il ne veut pas comprendre.

*Répondez aux questions:*

1.  Le père du jeune homme dit qu'il n'aime pas la musique moderne. Qu'est-ce que le jeune homme croit?
2.  Quand le jeune homme dit qu'il veut acheter des disques, qu'est-ce que son père dit?
3.  Qu'est-ce que le jeune homme croit qu'il va acheter? Où va-t-il le mettre?
4.  Où est-ce que le jeune homme veut travailler? Pourquoi?
5.  Qu'est-ce qu'il veut acheter aussi?
6.  Et sa soeur, qu'est-ce qu'elle veut avoir?
7.  Croyez-vous que la guitare est un bel **instrument**?
8.  Le jeune homme dit que son père ne veut pas comprendre. Êtes-vous d'accord?

## PRÉSENTATION 3:

Nous pouvons partir tout de suite, si tu es prêt.

Monsieur Tremblay est prêt.
Madame Tremblay n'est pas prête.

Le dimanche,
faire une promenade en auto,
c'est merveilleux.

On peut aussi faire un pique-nique avec des amis.

La ville et la campagne.

## EXERCICES DE RENFORCEMENT

### EXERCICE 1:

*Ex.: S. J'ai le temps. Je vais étudier.*
  1.  Il fait mauvais. Nous allons travailler.
  3.  Je trouve le temps.
      Je vais classer mes notes de cours.
  5.  Il y a un bon film. Je vais aller au cinéma.
  7.  J'ai fini mon travail. Je vais aller au cinéma.
  9.  Il fait beau. Ils peuvent faire un pique-nique.

*R. Si j'ai le temps, je vais étudier.*
  2.  Il fait beau. On va faire une promenade.
  4.  Je ne regarde pas la télévision.
      Je vais écouter de la musique.
  6.  Tu as de l'argent. Tu vas acheter une auto.
  8.  Tu es prêt. Nous pouvons partir tout de suite.
 10.  Nous faisons une promenade.
      Nous pouvons aller du côté de Val-David.

### EXERCICE 2:

| Si Guy est prêt, nous partons tout de suite. | |
| --- | --- |
| Micheline<br>tout à l'heure | Si Micheline est prête, nous partons tout de suite.<br>Si Micheline est prête, nous partons tout à l'heure. |
| Bill et Paul<br>tout de suite<br>Et moi?<br>dans deux minutes<br>Et moi, Paul?<br>tout à l'heure<br>Nicole<br>tout de suite<br>Jacqueline et Monique | |

### EXERCICE 3:

*Répondez:*

  1.  Dans dix ans, si vous avez beaucoup d'argent, qu'est-ce que vous voulez faire?
  2.  Aimez-vous ça, faire des promenades?
  3.  Faites-vous des promenades quelquefois avec votre famille? Et des pique-niques? De quel côté allez-vous?
  4.  Aimez-vous la campagne? Est-ce que votre père a une maison à la campagne (une **maison de campagne?**) Où est-elle? Est-ce que vous y allez souvent?
  5.  Est-ce qu'on peut faire des pique-niques dans votre ville?
  6.  Dimanche, s'il fait beau, qu'est-ce que vous allez faire?
  7.  Faites-vous des promenades à pied quelquefois? De quel côté allez-vous?

EXERCICE 4:

*Ex.:* S'il fait beau, nous allons (ils vont) faire un pique-nique.

## EXERCICE DE RÉVISION: le présent, le passé, le futur

*Ex.:* S.    *D'habitude, je téléphone à Nicole.*
    R₁.  *Hier, j'ai téléphoné à Nicole.*
    R₂.  *Demain, je vais téléphoner à Nicole.*

1. D'habitude, nous mangeons à la cafétéria.
2. D'habitude, vous regardez la télévision.
3. D'habitude, il écoute de la musique.
4. D'habitude, on joue au football.
5. D'habitude, je commence à neuf heures.
6. D'habitude, ils trouvent le temps de dormir.
7. D'habitude, je vais au centre d'achats.
8. D'habitude, nous partons à quatre heures.

9.   D'habitude, vous arrivez à midi.
10.  D'habitude, ils viennent faire du ski.
11.  D'habitude, on finit à six heures.
12.  D'habitude, je comprends le film.
13.  D'habitude, elle organise un party.
14.  D'habitude, il fait beau.
15.  D'habitude, nous restons à la maison.

## GRAMMAIRE: le présent, le passé, le futur

| | PRÉSENT | | PASSÉ | | FUTUR |
|---|---|---|---|---|---|
| J(e) | suis<br>ai | J'ai | été<br>eu | Je vais | être<br>avoir |
| J(e) | chante<br>écoute<br>regarde<br>étudie<br>crie<br>téléphone<br>travaille<br>mange | J'ai | chanté<br>écouté<br>regardé<br>étudié<br>crié<br>téléphoné<br>travaillé<br>mangé | Je vais | chanter<br>écouter<br>regarder<br>étudier<br>crier<br>téléphoner<br>travailler<br>manger |
| Je | finis<br>dors | J'ai | fini<br>dormi | Je vais | finir<br>dormir |
| J(e) | dis<br>écris<br>conduis | J'ai | dit<br>écrit<br>conduit | Je vais | dire<br>écrire<br>conduire |
| Je | comprends<br>prends | J'ai | compris<br>pris | Je vais | comprendre<br>prendre |
| Je | peux<br>veux<br>dois<br>vois<br>bois<br>lis | J'ai | pu<br>voulu<br>dû<br>vu<br>bu<br>lu | Je vais | pouvoir<br>vouloir<br>devoir<br>voir<br>boire<br>lire |
| Il | pleut | Il a | plu | Il va | pleuvoir |
| Je | fais | J'ai | fait | Je vais | faire |
| J(e) | arrive<br>entre<br>reste<br>vais<br>pars<br>viens | Je suis | arrivé(e)<br>entré(e)<br>resté(e)<br>allé(e)<br>parti(e)<br>venu(e) | Je vais | arriver<br>entrer<br>rester<br>aller<br>partir<br>venir |

## PRÉSENTATION 4A:

J'ai apporté du lait, de la viande, de l'eau, et des oeufs.

Une épicerie

Un supermarché

Des aliments

Du beurre

Du pain

Du lait

De la laitue

De la viande

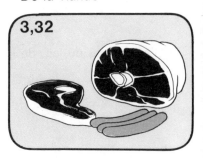

De la confiture

De l'eau

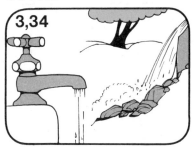

Des légumes

Des fruits

Des oeufs

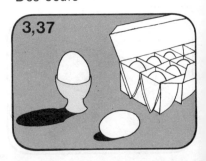

# EXERCICES DE RENFORCEMENT

EXERCICE 1:

| Est-ce que je peux avoir du pain, s'il vous plaît? | |
|---|---|
| beurre | Est-ce que je peux avoir du beurre, s'il vous plaît? |
| laitue<br>lait<br>viande<br>fruits<br>eau<br>pain<br>confiture<br>beurre<br>légumes | |

EXERCICE 2:

Ex.: S.  C'est de la laitue?
     R.  Non, ce n'est pas de la laitue.
1.   C'est du beurre?
2.   C'est de l'eau?
3.   C'est des oeufs?
4.   C'est de la confiture?
5.   C'est du pain?
6.   C'est des fruits?

EXERCICE 3:

Ex.: S.  Vous voulez du pain?
     R.  Non, merci, je ne mange jamais de pain.
1.   Vous voulez de la confiture?
2.   Tu veux du beurre?
3.   Vous voulez de la laitue?
4.   Tu veux des oeufs?
5.   Vous voulez de la viande?
6.   Tu veux des légumes?
7.   Vous voulez du pain?

EXERCICE 4:

| Est-ce que tu as un stylo? | |
|---|---|
| argent | Est-ce que tu as de l'argent? |
| pain<br>auto<br>laitue<br>montre<br>viande<br>livre<br>lait<br>avion | |

EXERCICE 5:

Répondez aux questions:

1.   Est-ce que votre mère achète ses aliments dans un grand supermarché ou dans une petite épicerie?
2.   Est-ce que vous aimez ça, aller dans un supermarché?
3.   Est-ce qu'il y a des supermarchés dans votre ville? Comment s'appellent-ils?
4.   Buvez-vous beaucoup de lait? D'eau?
5.   Mangez-vous beaucoup de fruits?
6.   Le matin, est-ce que vous mangez de la confiture? Des oeufs?
7.   Quand vous allez en pique-nique, qu'est-ce que vous apportez?

## PHONÉTIQUE

*Répétez:*

1. J'ai un oeuf.            J'ai deux oeufs.
2. Il est jeune.            Il est vieux.
3. C'est mes soeurs.      J'en ai deux.
4. Ils le veulent.         Il le veut.
5. Tu as peur.            Un peu.
6. C'est un classeur.      C'est à eux.
7. C'est le professeur.     Bonjour, Monsieur.

## GRAMMAIRE

| J'ai ... | Je n'ai pas ... | J'ai ... | Je n'ai pas ... |
|---|---|---|---|
| du pain<br>de la laitue<br>de l'eau | de pain<br>de laitue<br>d'eau | un stylo<br>une montre<br>une auto | de stylo<br>de montre<br>d'auto |
| des fruits | de fruits | des lunettes | de lunettes |

| C'est ... | Ce n'est pas ... | C'est ... | Ce n'est pas ... |
|---|---|---|---|
| | du pain<br>de la laitue<br>de l'eau | | un stylo<br>une montre<br>une auto |
| | des fruits | | des lunettes |

## EXERCICE DE CONVERSATION

*Racontez l'histoire:*

1.

2.

3.

4.

5.

# PRÉSENTATION 5:

Est-ce qu'il y a de la neige chez vous?

Oui, il y en a beaucoup.

## EXERCICES DE RENFORCEMENT

EXERCICE 1:

*Ex.: S.   Est-ce que Bill a de l'argent?*
*R₁.   Oui, il en a.*
*R₂.   Non, il n'en a pas.*
1.   Prenez-vous du lait?
2.   Est-ce que Jacques a des amis?
3.   Est-ce qu'ils veulent du pain?
4.   As-tu de l'argent?
5.   Est-ce que vous achetez des stylos?
6.   Le matin, est-ce que vous mangez des oeufs?
7.   Est-ce que les étudiants organisent des partys?
8.   Est-ce que vous buvez de l'eau?

EXERCICE 2:

*Ex.: S.   Il a deux autos?*
*R.   Oui, il en a deux.*
1.   Vous prenez un taxi?
2.   Elle a beaucoup d'amis?
3.   Monsieur Beaudet a un avion?
4.   Vous achetez cinq cravates?
5.   Il mange beaucoup de laitue?
6.   Nous buvons beaucoup d'eau?
7.   J'ai beaucoup de travail?

EXERCICE 3:

*Ex.: S.   Est-ce qu'il y a un livre sur la table?*
*R₁.   Oui, il y en a un.*
*R₂.   Non, il n'y en a pas.*
1.   Est-ce qu'il y a un foyer dans la salle de séjour?
2.   Est-ce qu'il y a des fruits à l'épicerie?
3.   Est-ce qu'il y a un cinéma dans cette ville?
4.   Est-ce qu'il y a un film à la télévision?
5.   Est-ce qu'il y a des ouvriers dans l'école?
6.   Est-ce qu'il y a beaucoup de neige en hiver?

7. Est-ce qu'il y a trop de bruit dans la rue?
8. Est-ce qu'il y a une salle de jeux chez vous?

EXERCICE 4:

*Ex.: S. Où est-ce que vous allez acheter des fruits?*
   *I. épicerie*
   *R. Je vais en acheter à l'épicerie.*

1. S. Quand est-ce que vous allez organiser un party?
   I. samedi soir
2. S. Quand est-ce que vous pouvez apporter de l'argent?
   I. cet après-midi
3. S. Quand est-ce que vous devez boire du lait?
   I. le midi
4. S. Quand est-ce qu'il veut manger du pain?
   I. ce soir
5. S. Où est-ce que vous allez acheter des skis?
   I. magasin

EXERCICE 5:

*Ex.: S. Vous achetez de la laitue?*
   *R. Non, j'en ai acheté hier.*

1. Vous apportez de l'argent?
2. Il organise un party?
3. Vous mangez des **hamburgers**?
4. Vous allez regarder un film?
5. Vous allez acheter des skis?

EXERCICE 6:

*Ex.: 1. S. Avez-vous acheté le livre?*

   *2. S. Avez-vous acheté de la viande?*

1. Avez-vous téléphoné à Nicole?
2. Est-ce qu'il va à Montréal demain?
3. Voulez-vous le livre?
4. Voulez-vous un livre?
5. Voulez-vous des livres?
6. Voulez-vous aller à Paris?
7. Avez-vous acheté les disques?
8. Avez-vous acheté des disques?

*R₁. Oui, je l'ai acheté.*
*R₂. Non, je ne l'ai pas acheté.*
*R₁. Oui, j'en ai acheté.*
*R₂. Non, je n'en ai pas acheté.*

9. Avez-vous fini votre travail?
10. Pouvez-vous écouter de la musique?
11. Est-ce qu'il y a beaucoup de cinémas à Montréal?
12. Est-ce que Guy parle à Monique?
13. Est-ce que Guy regarde Monique?
14. Est-ce qu'ils veulent une auto?
15. Est-ce qu'ils vont à Val-David?

## PHONÉTIQUE

EXERCICE 1:

*Répétez:*

1. Il en a.
2. Il n'en a pas.
3. Ils en ont.
4. Ils n'en ont pas.
5. Elle en a.
6. Elle n'en a pas.
7. Elles en ont.
8. Elles n'en ont pas.

EXERCICE 2:

*Répétez:*

1. J'en achète.
2. J'en achète un.
3. J'en apporte.
4. J'en apporte un.
5. Il en achète.
6. Il en achète un.
7. Il en apporte.
8. Il en apporte un.

EXERCICE 3:

*Répétez:*

1. Quelle heure est-il?
2. Il est six heures.
3. C'est un bon ami.
4. Il est étudiant.
5. Les hommes arrivent à quatre heures.

EXERCICE 4:

*Répétez:*

1. J'ai une auto.
2. J'ai eu une auto.
3. J'en ai un.
4. J'en ai eu un.
5. Il a peur.
6. Il a eu peur.
7. Il y a un cinéma.
8. Il y a eu un cinéma.
9. Tu écris à Jacques.
10. Tu as écrit à Jacques.

## GRAMMAIRE

1.

| | |
|---|---|
| J'achète le livre. | Je l'achète. |
| J'achète un livre. | J'en achète un. |
| J'achète du lait. | J'en achète. |
| J'achète des fruits. | J'en achète. |

2.

| | |
|---|---|
| Je prends le livre. | Je le prends. |
| Je parle à Jean. | Je lui parle. |
| Je vais à Montréal. | J'y vais. |
| J'ai de l'argent. / des amis. | J'en ai. |
| J'ai une auto. | J'en ai une. |

# DIALOGUE DE RÉVISION

**MONSIEUR ET MADAME ROCHON VEULENT ACHETER UNE MAISON.**

| | |
|---|---|
| M. Rochon: | — Bonjour, Monsieur. |
| M. Giroux: | — Bonjour, Monsieur, Bonjour Madame. |
| M. Rochon: | — Nous sommes M. et Mme Rochon. Je vous ai téléphoné hier et vous m'avez dit de venir ce soir pour visiter la maison. |
| M. Giroux: | — Ah mais bien sûr! Entrez *donc, je vous prie!* |
| M. Rochon: | — Merci. **Hum,** ça, c'est une belle grande salle de séjour. |
| M. Giroux: | — Oui, elle est très grande, et vous avez vu le foyer? |
| Mme Rochon: | — Oui, il est magnifique. Mais où est la salle à manger? |
| M. Giroux: | — Elle est au premier étage. Je vais vous la *montrer.* |

*(Au premier étage)*

| | |
|---|---|
| Mme Rochon: | — Hum, c'est une belle pièce. Et la cuisine est à côté? |
| M. Giroux: | — Non, la cuisine est au deuxième étage. |
| M. Rochon: | — Au deuxième? |
| M. Giroux: | — Oui, juste *au-dessus* de la salle à manger. |
| Mme Rochon: | — Et où sont les chambres? |
| M. Giroux: | — Il y a quatre chambres. La première chambre est au troisième étage, la deuxième au quatrième, la troisième au cinquième et la quatrième au sixième. |
| M. Rochon: | — Hum! Et est-ce qu'il y a une salle de jeux? |
| M. Giroux: | — Oui, au sous-sol. Nous pouvons y aller si vous voulez. |
| Mme Rochon: | — Ouf! D'accord. |

*(Au sous-sol)*

| | |
|---|---|
| M. Rochon: | — C'est une belle petite salle de jeux. Et le *garage?* |
| M. Giroux: | — Il est juste ici à côté de la salle de jeux. |
| M. Rochon: | — Il est petit. Moi, j'ai une grosse voiture américaine. |
| M. Giroux: | — Vous pouvez acheter une petite auto française. C'est *économique.* |
| M. Rochon: | — Hum! Oui, bien sûr. Et la salle de bain, où est-elle? |
| M. Giroux: | — La salle de bain est au septième étage. Vous voulez y aller? |
| M. Rochon: | — Non, non merci. Nous devons partir tout de suite. Je vais parler de ça avec ma femme et je vais vous téléphoner demain. Au revoir, Monsieur. |
| M. Giroux: | — Au revoir, Monsieur. Au revoir, Madame. |

# VOCABULAIRE SUPPLÉMENTAIRE

1 HEURE P.M.:

Jacques: C'est samedi, c'est congé, il fait beau, il fait chaud et je ne veux pas rester dans la maison **tout** l'après-midi.

Lise: Alors, qu'est-ce qu'on fait?

Michèle: On peut faire un pique-nique.

Marcel: Ça, c'est une bonne idée. Venez, nous partons tout de suite.

Lise: **Eh,** un instant! Qu'est-ce que nous allons manger?

Marcel: Et nous n'avons pas d'auto.

Jacques: Nous pouvons prendre l'auto de mon père.

Marcel: Tu crois qu'il va vouloir?

Jacques: Bien sûr, regarde, j'ai les clés.

Lise: Bon. Et nous devons aller à l'épicerie. Tout le monde doit payer deux dollars.

Marcel: Moi, je veux quatre gros **sandwiches** avec des **tomates**, du **jambon**, de la laitue, du **fromage** et des **concombres.**

Lise: Alors, tu dois payer trois dollars.

Michèle: Je vais aller à l'épicerie avec Lise. Qu'est-ce qu'on va acheter?

Marcel: Moi, je veux quatre gros sandwiches ...

Jacques: Toi, tu manges trop.

Lise:      Nous allons acheter du pain, du beurre, du jambon, de la **moutarde**, des tomates ...
Marcel:    Des **pommes de terre**, des **haricots** verts, des **pommes**, des **oranges**, des **bananes** ...
Michèle:   Marcel, on va faire une petite promenade et un petit pique-nique, pas une **expédition** de trois
           semaines.
Lise:      Et qu'est-ce que nous allons boire? Du **thé**? Du **café**? Du **vin**? De la **bière**? Ou du **coca-cola**?
Jacques:   Achetez du vin et du coca-cola.
Marcel:    Nous devons aussi apporter des **couteaux**, des **fourchettes**, des **cuillers**, des **assiettes**, des
           **verres** et des **tasses**.
Lise:      Je peux prendre tout ça chez moi.

3 HEURES P.M.:
Jacques:   Si tout le monde est prêt, nous partons tout de suite.
Marcel:    J'ai faim. Est-ce que je peux avoir un sandwich?
Lise:      Non, pas tout de suite.
Michèle:   De quel côté allons-nous?
Jacques:   Allons du côté de Lachute. Il y a un beau parc juste à côté d'un petit lac et nous pouvons
           y faire un pique-nique.

6 HEURES P.M.:
Michèle:   Jacques, où est le **lac**? Et le parc?
Jacques:   Je crois que c'est **près d**'ici.
Lise:      Marcel, qu'est-ce que tu manges?
Marcel:    Ma chemise.

8 HEURES P.M.:
Jacques:   Le petit lac est près d'ici, je crois.
Marcel:    Il fait noir. Nous ne pouvons pas faire notre pique-nique.
Lise:      Allons chez moi. On va manger dans la salle de séjour, à côté du foyer.
Michèle:   Quel pique-nique!

*Répondez aux questions:*

1.  Quel temps fait-il?
2.  Qu'est-ce que les jeunes gens ont l'intention de faire?
3.  Comment est-ce qu'ils vont y aller?
4.  Combien est-ce que tout le monde doit payer? Et Marcel?
5.  Qu'est-ce que Marcel veut manger?
6.  Qui est-ce qui va aller à l'épicerie?
7.  Qu'est-ce qu'elles vont acheter?
8.  Qu'est-ce que Marcel veut qu'elles achètent?
9.  Qu'est-ce que Michèle lui dit?
10. Qu'est-ce qu'ils doivent apporter aussi?
11. A quelle heure est-ce qu'ils partent?
12. De quel côté vont-ils?
13. Pourquoi est-ce qu'ils doivent aller chez Lise?
14. Quand vous faites un pique-nique, qu'est-ce que vous apportez?
15. Qu'est-ce que vous avez mangé ce matin? A midi? Hier soir?*
16. Qu'est-ce que vous mangez, d'habitude, le dimanche midi?
17. Quand vous allez au restaurant, qu'est-ce que vous prenez, d'habitude?

18. Qu'est-ce qu'on peut manger et boire à la cafétéria de l'école?
19. Vous allez au supermarché avec votre mère. Qu'est-ce que vous allez acheter?
20. Quels sont vos fruits **favoris**? Vos légumes favoris?

Île aux Coudres

# CONSTRUCTION DE PHRASES

EXERCICE 1:

*Exemple:*

a) *Où, être allé?*      — *Où es-tu allé?*

b) *Épicerie*      — *Je suis allé à l'épicerie.*

c) *Avoir acheté?*      — *Qu'est-ce que tu as acheté?*

d) *Coca-cola*      — *J'ai acheté du coca-cola.*

e) *?*      — *Pourquoi?*

f) *Party ce soir*      — *Parce que je fais un party ce soir.*

1. a) Venir, souper, maison, ce soir?
   b) ?, manger?
   c) Jambon, légumes, laitue, fromage.
   d) D'accord.

2. a) ?, vouloir, dans, sandwich?
   b) Viande, tomates, laitue, un peu, moutarde
   c) ?, boire?
   d) Café, s'il vous plaît.

3. a) Croire, neiger?
   b) Oui, gros nuages gris.
   c) Ski?
   d) D'accord, côté, aller?
   e) Saint-Jovite.
   f) Quand?
   g) Demain matin, si, neige.

4. a) ?, intention, faire, dimanche?
   b) Promenade.
   c) Auto?
   d) Non, à pied, venir?
   e) D'accord.

5. a) Faire, demain?
   b) Rester, maison.
   c) Pourquoi, congé?
   d) Travail, difficile, à finir.
   e) Pierre, Jean, moi, pique-nique.
   f) Côté?
   g) Lachute.
   h) Vous, passer, bonne, journée, j'espère.

EXERCICE 2:

*Si vous avez de l'imagination, vous pouvez faire des phrases. Attention, c'est difficile!*

*Ex.: S. Soeur, football, ennuyer, télévision, comprendre, regarder, ne pas vouloir.*

    *R. Ma soeur ne comprend pas le football et elle ne veut pas le regarder à la télévision parce que ça l'ennuie.*

1. Discothèque, taxi, neige, argent.
2. Sandwich, neuf, chemise, moutarde, manger.
3. Restaurant, bruit, **aéroport,** à côté, beaucoup.
4. Guy, hockey, mal, jambes, jouer.
5. Beau, intention, auto, demain, natation.
6. Pleuvoir, moto, ne pas aimer, quand.
7. Ne pas pouvoir, salle de séjour, télévision, échecs, oncle, regarder, père, partie.
8. Épicerie, organiser, aller, party, ce soir, acheter, coca-cola, devoir.

## LABORATOIRE

## PHONÉTIQUE

EXERCICE 1:

*Répétez:*

1. Chanté-t-il?
2. Écouté-t-elle?
3. Étudié-t-il?
4. Téléphoné-t-elle?
5. Travaillé-t-il?
6. Arrivé-t-il?
7. Mangé-t-elle?
8. Va-t-elle au cinéma?
9. A-t-il mangé?

EXERCICE 2:

*Répétez:*

1. J'ai un oeuf.      J'ai deux oeufs.
2. Il est jeune.      Il est vieux.
3. Ils le veulent.      Il le veut.
4. C'est mes soeurs.      J'en ai deux.
5. Tu as peur.      Un peu.
6. C'est un classeur.      C'est à eux.
7. C'est le professeur.      Bonjour, Monsieur.

EXERCICE 3:

*Répétez:*

1. Il en a.      2. Il n'en a pas.
3. Ils en ont.      4. Ils n'en ont pas.
5. Elle en a.      6. Elle n'en a pas.
7. Elles en ont.      8. Elles n'en ont pas.

EXERCICE 4:

*Répétez:*

1. J'en achète.      2. J'en achète un.
3. J'en apporte.      4. J'en apporte un.
5. Il en achète.      6. Il en achète un.
7. Il en apporte.      8. Il en apporte un.

EXERCICE 5:

*Répétez:*

1. Quelle heure est-il?
2. Il est six heures.
3. C'est un bon ami.
4. Il est étudiant.
5. Les hommes arrivent à quatre heures.

EXERCICE 6:

*Répétez:*

1. J'ai une auto.
2. J'ai eu une auto.
3. J'en ai un.
4. J'en ai eu un.
5. Il a peur.
6. Il a eu peur.
7. Il y a un cinéma.
8. Il y a eu un cinéma.
9. Tu écris à Jacques.
10. Tu as écrit à Jacques.

# EXERCICES STRUCTURAUX

EXERCICE 1:

*Ex.: S. Elle étudie.*                 R. *Étudie-t-elle?*
1.  S. Nous partons.                    R. Partons-nous?
2.  S. Tu dors.                         R. Dors-tu?
3.  S. Vous mangez.                     R. Mangez-vous?
4.  S. Il conduit.                      R. Conduit-il?
5.  S. Elles lisent.                    R. Lisent-elles?
6.  S. Il neige.                        R. Neige-t-il?
7.  S. Elle comprend.                   R. Comprend-elle?
8.  S. Ils boivent.                     R. Boivent-ils?

EXERCICE 2:

*Ex.: S. Pourquoi est-ce que vous mangez à deux heures?*
     *R. Pourquoi mangez-vous à deux heures?*
1.  S. Où est-ce qu'elles vont?
    R. Où vont-elles?
2.  S. Quand est-ce que nous partons?
    R. Quand partons-nous?
3.  S. Est-ce qu'elle dort souvent, le midi?
    R. Dort-elle souvent, le midi?
4.  S. Où est-ce qu'ils vont faire du ski?
    R. Où vont-ils faire du ski?
5.  S. Pourquoi est-ce que tu pars maintenant?
    R. Pourquoi pars-tu maintenant?
6.  S. Comment est-ce qu'il peut chanter le matin?
    R. Comment peut-il chanter le matin?
7.  S. A qui est-ce que vous parlez?
    R. A qui parlez-vous?

EXERCICE 3:

*Ex.: S. Est-ce qu'il va pleuvoir demain?*
     *R. Oui, je crois qu'il va pleuvoir demain.*
1.  S. Est-ce qu'une moto, ça coûte cher?
    R. Oui, je crois qu'une moto, ça coûte cher.

2.  S.  Est-ce que les voitures européennes sont petites?
    R.  Oui, je crois que les voitures européennes sont petites.
3.  S.  Est-ce que le test est difficile?
    R.  Oui, je crois que le test est difficile.
4.  S.  Est-ce qu'il peut partir à dix heures?
    R.  Oui, je crois qu'il peut partir à dix heures.
5.  S.  Est-ce qu'il a dormi?
    R.  Oui, je crois qu'il a dormi.
6.  S.  Est-ce qu'elle chante trop fort?
    R.  Oui, je crois qu'elle chante trop fort.

## EXERCICE 4:

Ex.:  S.  *S'il fait froid, je vais aller dans les Laurentides.*
      I.  *avoir de la neige*
      R.  *S'il y a de la neige, je vais aller dans les Laurentides.*
1.  I.  aller faire du ski
    R.  S'il y a de la neige, je vais aller faire du ski.
2.  I.  avoir le temps
    R.  Si j'ai le temps, je vais aller faire du ski.
3.  I.  regarder la télévision
    R.  Si j'ai le temps, je vais regarder la télévision.
4.  I.  trouver le temps
    R.  Si je trouve le temps, je vais regarder la télévision.
5.  I.  aller au match de football
    R.  Si je trouve le temps, je vais aller au match de football.

## EXERCICE 5:

Ex.:  S.  *Je vais acheter du beurre.*
      I.  *fruits*                          R.  *Je vais acheter des fruits.*
1.  I.  pain                                R.  Je vais acheter du pain.
2.  I.  laitue                              R.  Je vais acheter de la laitue.
3.  I.  oeufs                               R.  Je vais acheter des oeufs.
4.  I.  confiture                           R.  Je vais acheter de la confiture.
5.  I.  légumes                             R.  Je vais acheter des légumes.
6.  I.  beurre                              R.  Je vais acheter du beurre.
7.  I.  aliments                            R.  Je vais acheter des aliments.
8.  I.  lait                                R.  Je vais acheter du lait.

## EXERCICE 6:

Ex.:  S.  *Tu veux du beurre?*
      I.  *lait*                            R.  *Tu veux du lait?*
1.  I.  eau                                 R.  Tu veux de l'eau?
2.  I.  pain                                R.  Tu veux du pain?
3.  I.  légumes                             R.  Tu veux des légumes?
4.  I.  fruits                              R.  Tu veux des fruits?
5.  I.  confiture                           R.  Tu veux de la confiture?
6.  I.  beurre                              R.  Tu veux du beurre?
7.  I.  laitue                              R.  Tu veux de la laitue?
8.  I.  lait                                R.  Tu veux du lait?

EXERCICE 7:

*Ex.: S. Vous voulez de la laitue?*
    *R. Non, merci, je ne mange jamais de laitue.*
1.   S. Vous voulez de la confiture?
     R. Non, merci, je ne mange jamais de confiture.
2.   S. Vous voulez du beurre?
     R. Non, merci, je ne mange jamais de beurre.
3.   S. Vous voulez des légumes?
     R. Non, merci, je ne mange jamais de légumes.
4.   S. Vous voulez du pain?
     R. Non, merci, je ne mange jamais de pain.
5.   S. Vous voulez des fruits?
     R. Non, merci, je ne mange jamais de fruits.
6.   S. Vous voulez de la laitue?
     R. Non, merci, je ne mange jamais de laitue.

EXERCICE 8:

*Ex.: S. Est-ce que nous avons un professeur de français?*
    *R. Oui, on en a un.*
1.   S. Est-ce que vous avez un stylo?
     R. Oui, j'en ai un.
2.   S. Est-ce que Louise a un frère?
     R. Oui, elle en a un.
3.   S. Est-ce que le directeur a une maison?
     R. Oui, il en a une.
4.   S. Est-ce que Jacques a une soeur?
     R. Oui, il en a une.
5.   S. Est-ce que M. et Mme Tremblay ont un restaurant?
     R. Oui, ils en ont un.
6.   S. Est-ce que j'ai une montre?
     R. Oui, vous en avez une.
7.   S. Est-ce que Micheline et Jacqueline ont un drapeau du Canada?
     R. Oui, elles en ont un.

EXERCICE 9:

*Ex.: S. Est-ce qu'il y a un restaurant dans cette rue?*
    *R. Oui, il y en a un.*
1.   S. Est-ce qu'il y a beaucoup de pluie en automne?
     R. Oui, il y en a beaucoup.
2.   S. Est-ce qu'il y a une secrétaire dans ce bureau?
     R. Oui, il y en a une.
3.   S. Est-ce qu'il y a un téléphone dans cette maison?
     R. Oui, il y en a un.
4.   S. Est-ce qu'il y a une épicerie au centre d'achats?
     R. Oui, il y en a une.
5.   S. Est-ce qu'il y a beaucoup de notes de cours dans ce classeur?
     R. Oui, il y en a beaucoup.
6.   S. Est-ce qu'il y a un stade dans cette ville?
     R. Oui, il y en a un.

7.　S.　Est-ce qu'il y a beaucoup de légumes dans cette épicerie?
　　R.　Oui, il y en a beaucoup.

EXERCICE 10:

| | | | |
|---|---|---|---|
| Ex.: | S. | *Est-ce que vous avez bu de l'eau?* | R. *Oui, j'en ai bu.* |
| 1. | S. | Est-ce que vous avez apporté des disques? | R. Oui, j'en ai apporté. |
| 2. | S. | Est-ce que vous avez classé des notes? | R. Oui, j'en ai classé. |
| 3. | S. | Est-ce que vous avez pris de la laitue? | R. Oui, j'en ai pris. |
| 4. | S. | Est-ce que vous avez acheté des fruits? | R. Oui, j'en ai acheté. |
| 5. | S. | Est-ce que vous avez fait du ski? | R. Oui, j'en ai fait. |
| 6. | R. | Est-ce que vous avez écrit des notes? | R. Oui, j'en ai écrit. |
| 7. | S. | Est-ce que vous avez lu des livres français? | R. Oui, j'en ai lu. |

# CONVERSATION

DIALOGUE 1:

| | |
|---|---|
| Marie: | — Qu'est-ce qu'on fait aujourd'hui? |
| Paul: | — On peut aller faire une promenade, si tu veux. |
| Marie: | — D'accord, de quel côté est-ce qu'on va? |
| Paul: | — Allons du côté de Saint-André. Je crois qu'il y a un beau petit lac juste à côté de la *route* et on peut y faire un pique-nique. |
| Marie: | — Je vais apporter du pain, de la viande, de la laitue et on va faire des sandwiches. |
| Paul: | — Moi, je vais acheter du vin. |
| Marie: | — Tu veux aussi des fruits? |
| Paul: | — Oh oui! On peut en acheter à l'épicerie tout à l'heure. |
| Marie: | — Quand est-ce qu'on part? |
| Paul: | — Si tu es prête, on peut partir tout de suite. |
| Marie: | — D'accord. Allons-y. |

DIALOGUE 2:

| | |
|---|---|
| Mme Dubois: | — Tu crois qu'il va faire beau aujourd'hui? |
| M. Dubois: | — Oui, regarde un peu le ciel. |
| Mme Dubois: | — *En effet,* le ciel est *clair, sans* nuages. |
| M. Dubois: | — Alors, nous pouvons aller faire une promenade à la campagne. |
| Mme Dubois: | — Ça, c'est une *excellente* idée. |
| M. Dubois: | — De quel côté allons-nous? Saint-Jovite? |
| Mme Dubois: | — Non, allons du côté de Magog. Allons voir les Savoie. |
| M. Dubois: | — Bonne idée. A quelle heure partons-nous? |
| Mme Dubois: | — Tout de suite, si tu veux. |
| M. Dubois: | — Tu es prête? |
| Mme Dubois: | — Je prends mon manteau, et nous pouvons partir. |

DIALOGUE 3:

*Le samedi soir, M. et Mme Latulipe vont toujours manger au restaurant.*

| | |
|---|---|
| Mme Latulipe: | — Où est-ce que nous allons manger, ce soir, Arthur? |
| M. Latulipe: | — Je ne sais pas, ma *chérie,* est-ce que tu as une bonne idée? |
| Mme Latulipe: | — Nous pouvons aller au *Cocorico.* |
| M. Latulipe: | — Ah non! Je ne veux pas manger de *poulet.* J'en ai mangé toute la semaine. |
| Mme Latulipe: | — Alors, on peut aller au Cochon d'Or. |
| M. Latulipe: | — Tu crois que c'est un bon restaurant? |
| Mme Latulipe: | — Oui, excellent. J'y suis allée avec mes amies du *Club* de bridge. |
| M. Latulipe: | — Ah bon! D'accord, allons-y. |

*(Au restaurant)*

| | |
|---|---|
| Le garçon: | — Monsieur et Madame veulent un *apéritif*? |
| M. Latulipe: | — Oui, ma femme va prendre un Dubonnet, et moi, je vais prendre un Martini, s'il vous plaît. |

● ● ●

| | |
|---|---|
| Le garçon: | — *Voilà!* Un Dubonnet pour Madame et un Martini pour Monsieur. |
| Mme Latulipe: | — Est-ce qu'il y a une *soupe du jour?* |

| | |
|---|---|
| Le garçon: | — Oui, Madame, nous avons aujourd'hui une très bonne *soupe à l'oignon.* |
| Mme Latulipe: | — Je vais en prendre un *bol.* Tu en veux, mon chéri? |
| M. Latulipe: | — Bien sûr! Et comme *plat du jour,* qu'est-ce qu'il y a? |
| Le garçon: | — Il y a du rôti de boeuf avec des haricots verts et des pommes de terre. |
| Mme Latulipe: | — Bon! Moi, je vais prendre le rôti de boeuf, s'il vous plaît. |
| M. Latulipe: | — Et moi, du bifteck avec des *frites.* |
| Le garçon: | — Bien Monsieur. Est-ce que vous voulez de la *salade* aussi? |
| M. Latulipe: | — Oui, s'il vous plaît. |
| Le garçon: | — Et comme vin, est-ce que je peux vous offrir un bon Bordeaux? |
| M. Latulipe: | — Excellente idée. |
| Le garçon: | — Merci Monsieur, merci Madame, et *bon appétit!* |

Québec City, Québec.

# PRÉSENTATIONS

## PRÉSENTATION 1:

Il se lève à
quatre heures.

Il se réveille à
quatre heures
et quart.

A sept heures,
il se réveille.

Il se lève.

Il se lave.

Il se rase.

Il se peigne.

Il s'habille.

Il se dépêche.

Il se repose.

Ils s'amusent.

Il se couche.

Il s'endort.

Ils se promènent.

## EXERCICES DE RENFORCEMENT
EXERCICE 1:

| | |
|---|---|
| Le matin, je me réveille à sept heures. | |
| Et Jacques? | Il se réveille à sept heures. |
| Et moi?<br>Vous et moi?<br>Et nous?<br>Et moi, Paul?<br>Et vous?<br>Monique et Nicole?<br>Pierre et Roger?<br>Et Johanne? | |

EXERCICE 2:
*Répondez:*
*Ex.: S. Qu'est-ce qu'on fait le soir quand on a travaillé toute la journée?*
      *R. On se repose.*
1.   Qu'est-ce qu'on fait quand le réveille-matin sonne?
2.   Qu'est-ce qu'on fait quand on veut dormir?
3.   Qu'est-ce qu'on fait dans un party?
4.   Qu'est-ce qu'on fait quand on est en retard?
5.   Qu'est-ce qu'on fait quand on se lève le matin?

EXERCICE 3:
*Répondez:*
*Ex.: S.   Est-ce que Jacques se lève à six heures?*
      *R₁.  Oui, il se lève à six heures.*
      *R₂.  Non, il ne se lève pas à six heures.*
1.   Roger se rase tous les matins?
2.   Le samedi soir, vous vous amusez toujours?
3.   D'habitude, moi, Pierre, je me couche à onze heures?
4.   Vous et moi, nous nous reposons l'après-midi?
5.   Bill se peigne très souvent?
6.   Le matin, je me dépêche toujours?
7.   Le samedi, vous vous levez à neuf heures?
8.   Quand vous vous couchez, est-ce que vous vous endormez tout de suite?
9.   Le samedi, d'habitude, est-ce qu'on s'habille avant de déjeuner?
10.  Est-ce que vous vous lavez tous les matins?

EXERCICE 4:
*Posez la question.*
*Ex.: S. Parce que je suis en retard.*
      *R. Pourquoi est-ce que vous vous dépêchez?*
1.   Parce que je veux dormir.
2.   Je me couche à minuit.
3.   Non, je ne me réveille pas toujours quand il sonne.
4.   Je me lave dans la salle de bain.
5.   Le dimanche, je me lève à neuf heures.

**GRAMMAIRE: quelques verbes pronominaux**

On dit qu'un verbe est pronominal quand le sujet et l'objet sont la même personne. Dans "Je me réveille", *je* (sujet) et *me* (objet) sont la même personne.

| | |
|---|---|
| Je me réveille* | Je m'endors. |
| Tu te réveilles. | Tu t'endors. |
| Il | Il |
| Elle ⎫ se réveille. | Elle ⎫ s'endort. |
| On ⎭ | On ⎭ |
| Nous nous réveillons. | Nous nous endormons. |
| Vous vous réveillez. | Vous vous endormez. |
| Ils ⎫ se réveillent. | Ils ⎫ s'endorment. |
| Elles⎭ | Elles⎭ |

* Les verbes "se lever, se laver, se raser, se peigner, s'habiller, se dépêcher, se reposer, s'amuser, se coucher, se promener" se conjuguent selon le même modèle.

## PHONÉTIQUE

EXERCICE 1:

*Répétez:*

1. Appelle       / Appélons
2. Promène       / Proménons
3. Appelle       / Appélez
4. Promène       / Proménez
5. Jé m'appelle / Nous nous appélons

6. Tu t'appelles   / Vous vous appélez
7. Jé me promène / Nous nous proménons
8. Tu té promènes / Vous vous proménez
9. Jé me lève       / Nous nous lévons
10. Tu té lèves      / Vous vous lévez

EXERCICE 2:

*Ex.: S. Jé me lève à six heures.*
*    I. Vous et moi?*
*    R. Nous nous lévons à six heures.*
1. S. Nous nous proménons dans la ville.
   I. Et vous?
2. S. Il s'appelle Paul.
   I. Et moi?
3. S. Vous vous lévez à huit heures.
   I. Et Jacques?
4. S. Tu té promènes dans le parc.
   I. Vous et moi?
5. S. Il s'appelle Bill.
   I. Et moi?

## EXERCICES DE CONVERSATION

EXERCICE 1:

*Répondez aux questions suivantes:*

1. A quelle heure est-ce que vous vous réveillez le matin?
   Est-ce que vous vous levez tout de suite?
2. Le matin, d'habitude, est-ce que vous vous dépêchez?
   Et le samedi matin?
3. Est-ce que vous vous peignez souvent? Quelquefois? Jamais?
4. Quand est-ce que vous vous reposez? Qu'est-ce que vous faites?
5. Quand vous vous couchez, est-ce que vous vous endormez tout de suite?
6. Vous endormez-vous, en classe, quelquefois?

EXERCICE 2:

*Racontez votre journée.*

*Ex.:* Le matin, quand ce n'est pas congé, mon réveille-matin sonne à 7 heures. Je me réveille mais je ne me lève pas tout de suite. A sept heures et quart, je me lève. Je ne peux pas aller à la salle de bain tout de suite parce que ma soeur est toujours là. Je m'habille et je vais dans la cuisine. Je prends mon déjeuner: des oeufs, des toasts et du café. A huit heures, je me lave, je me rase et à huit heures et demie, je vais à l'école. Quelquefois, je suis en retard et je me dépêche. Le soir, j'arrive à la maison à cinq heures. Je me repose un peu, je prends mon souper et je me repose *encore*. De huit heures à dix heures, j'étudie. Ensuite je regarde un peu la télévision. A onze heures et demie, je me couche. Quelquefois je lis un bon livre puis je m'endors.

## PRÉSENTATION 2:

Dépêche-toi!

Allons-y  !

## EXERCICES DE RENFORCEMENT

### EXERCICE 1:

| Tu te lèves. | Lève-toi. |
|---|---|
| Vous vous reposez.<br>Nous nous dépêchons.<br>Tu te couches.<br>Vous vous peignez.<br>Nous nous assoyons.<br>Tu te réveilles.<br>Vous vous amusez.<br>Nous nous promenons.<br>Tu t'habilles.<br>Vous vous rasez. | |

### EXERCICE 2:

*Reprendre l'exercice précédent à la forme négative.*

*Ex.: S.  Tu te lèves.*
*R.  Ne te lève pas.*

### EXERCICE 3:

*Ex.: S.  Vous et moi, nous pouvons aller à Montréal?*
*R₁.  Oui, allons-y.*
*R₂.  Non, n'y allons pas.*

1. Moi, Pierre, je peux aller à Québec?
2. Je peux aller à Victoria?
3. Vous et moi, nous pouvons aller à Val-David?
4. Moi, Paul, je peux aller faire une promenade?
5. Je peux aller jouer aux échecs?

### EXERCICE 4:

*Complétez les phrases suivantes:*

*Ex.: S. Jacques, tu vas être en retard,—————————————.*
*R. Jacques, tu vas être en retard, dépêche-toi —————————.*

1. Vous avez trop travaillé,—————————————————.
2. On y va? Oui,—————————————————————.
3. Pierre, prends une chaise et—————————————————.
4. Il est minuit, va dans ta chambre et—————————————.
5. Vous voulez aller au party? Allez-y et—————————————.

Montréal

## GRAMMAIRE

a) Le verbe s'asseoir

| | |
|---|---|
| Je m'assois. | Nous nous assoyons. |
| Tu t'assois. | Vous vous assoyez. |
| Il | Ils |
| Elle s'assoit. | Elles s'assoient. |
| On | |

b) L'impératif des verbes promoninaux

| | |
|---|---|
| Lève-toi. | Ne te lève pas. |
| Levons-nous. | Ne nous levons pas. |
| Levez-vous. | Ne vous levez pas. |
| Assois-toi. | Ne t'assois pas. |
| Assoyons-nous. | Ne nous assoyons pas. |
| Assoyez-vous. | Ne vous assoyez pas. |
| Endors-toi. | Ne t'endors pas. |
| Endormons-nous. | Ne nous endormons pas. |
| Endormez-vous. | Ne vous endormez pas. |

c) L'impératif du verbe aller

| | | | |
|---|---|---|---|
| Va | | Vas-y. | N'y va pas. |
| Allons | à Montréal. | Allons-y. | N'y allons pas. |
| Allez | | Allez-y. | N'y allez pas. |

## EXERCICE DE CONVERSATION

Qu'est-ce qu'ils disent?

1.

2.

3.

4.

5.

6.

# PRÉSENTATION 3:

Je préfère manger au restaurant.

## EXERCICES DE RENFORCEMENT

EXERCICE 1:

| J'aime manger au restaurant. | |
|---|---|
| je veux | Je veux manger au restaurant. |
| regarder la télévision<br>je vais<br>finir mon travail<br>j'espère<br>comprendre le film<br>je peux<br>dormir toute la journée<br>je préfère<br>faire une partie d'échecs<br>j'aime | |

EXERCICE 2:

| Il commence à faire froid. | |
|---|---|
| pleuvoir | Il commence à pleuvoir. |
| neiger<br>faire soleil<br>faire chaud<br>venter | |

EXERCICE 3:

| Je commence à travailler à sept heures. | |
|---|---|
| lire | Je commence à lire à sept heures. |
| souper<br>chanter<br>étudier<br>écouter de la musique<br>jouer aux cartes | |

EXERCICE 4:

| J'ai l'intention de faire du ski. | |
|---|---|
| prendre l'avion | J'ai l'intention de prendre l'avion. |
| j'ai peur<br>conduire une moto<br>j'ai l'intention<br>organiser un pique-nique<br>j'ai le temps<br>finir mon travail<br>je me dépêche<br>classer mes notes de cours<br>je finis | |

EXERCICE 5:

| Il aime prendre le bateau. | |
|---|---|
| il a l'intention | Il a l'intention de prendre le bateau. |
| téléphoner à Nicole<br>il aime<br>étudier le matin<br>il commence<br>organiser un party<br>il a le temps<br>faire de la natation<br>il peut<br>visiter la ville<br>il préfère<br>prendre un taxi<br>il se dépêche | |

EXERCICE 6:

*Faites des phrases.*

1. Je commence
2. Nous préférons
3. Vous avez l'intention
4. As-tu le temps
5. Il commence
6. J'ai fini
7. Monique a peur
8. Aimez-vous
9. Dépêche-toi
10. Préfères-tu

| — |
|---|
| à |
| de |

finir votre travail
pleuvoir
avoir faim
travailler à dix heures
écouter de la musique classique?
jouer au golf ou au tennis?
faire une promenade
jouer aux échecs avec moi?
prendre l'avion.
finir ton travail

EXERCICE 7:

*Répondez:*

1.  Le soir, à quelle heure est-ce que vous commencez à étudier?
2.  Est-ce que vous préférez regarder le football ou le hockey?
3.  Est-ce que vous savez conduire une auto? Une moto?
4.  Quand est-ce qu'il commence à neiger dans votre ville?
5.  Quand vous avez un travail, est-ce que vous vous dépêchez de le finir?

## GRAMMAIRE

| | | | |
|---|---|---|---|
| J(e) | peux<br>veux<br>dois<br>vais<br>aime<br>espère<br>préfère<br>sais | — | parler français. |
| Je | commence | à | parler français. |
| J(e) | ai peur<br>ai l'intention<br>ai le temps<br>me dépêche<br>finis | de | parler français. |

## PHONÉTIQUE

EXERCICE 1:

*Écoutez, puis répétez:*

1.  J'espère       / Nous espérons
2.  Tu espères / Vous espérez

3.  Il préfère    / Nous préférons
4.  On préfère / Vous préférez

EXERCICE 2:

*Ex.: S. J'espère jouer aux échecs.*
*   I. Vous et moi?*
*   R. Nous espérons jouer aux échecs.*

1.  S. J'espère aller à Paris.
    I. Et moi?
2.  S. Elle préfère aller au cinéma.
    I. Vous et moi?
3.  S. Vous espérez comprendre le film.
    I. Et moi, Jacques?
4.  S. Nous préférons souper à la maison.
    I. Et vous?

# EXERCICE DE CONVERSATION
*Imaginez la conversation.*

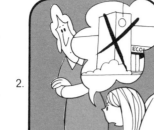

3.

4.

6.

7.

# PRÉSENTATION 4:

Le numéro 2 est devant le numéro 1.
Le numéro 1 est derrière le numéro 2.

Le numéro 5 est en face du numéro 2.

Le numéro 2 est à gauche du numéro 1.
Le numéro 1 est à droite du numéro 2.

Le numéro 2 est au-dessus du numéro 1.
Le numéro 1 est au-dessous du numéro 2.

Le numéro 1 est près de l'arrivée.
Le numéro 2 est loin du numéro 1.

## EXERCICES DE RENFORCEMENT

EXERCICE 1:

| Le restaurant est à gauche du magasin. | |
|---|---|
| en face | Le restaurant est en face du magasin. |
| à droite<br>près<br>au-dessus<br>à côté<br>loin | |
| Le cinéma est à gauche de la discothèque. | |
| en face<br>à droite<br>loin<br>au-dessous<br>à côté<br>près | |
| Le restaurant est près de l'école. | |
| loin<br>à côté<br>en face<br>à droite<br>au-dessous | |
| Jacques est en face de Maurice. | |
| à gauche<br>loin<br>à droite<br>près<br>en face | |
| Le livre est dans le bureau. | |
| sur<br>sous<br>devant<br>derrière | |

EXERCICE 2:

*Répondez aux questions:*

*Ex.: S. Où est le restaurant?*

*R. Le restaurant est au-dessus du cinéma, en face de l'autobus, à gauche du magasin...*

1. Qu'est-ce qu'il y a devant le magasin? Combien est-ce qu'il y en a?
2. Où est le taxi?
3. Qui est derrière le vieil homme?
4. Est-ce que le jeune homme est à droite ou à gauche de la jeune fille?
5. Où est l'agence de voyages?
6. Qu'est-ce qu'il y a à droite de la boutique?
7. Où est la moto?
8. Qu'est-ce qu'il y a devant l'hôtel? En face de l'hôtel?
9. Où est la banque?
10. Où est la discothèque?
11. Est-ce que le magasin est loin du cinéma?
12. Est-ce que la discothèque est près du restaurant?

EXERCICE 3:

*Complétez à partir de l'image de l'exercice 2.*

1.   La banque est _____ boutique et _____ magasin.
2.   La boutique est _____ agence de voyages et _____ banque.
3.   La moto est _____ magasin et _____ vieil homme.
4.   Le cinéma est _____ restaurant et _____ magasin.
5.   La discothèque est _____ agence de voyages mais _____ cinéma.

EXERCICE 4:

*Répondez aux questions:*

1.   Est-ce que Montréal est loin de Toronto? De Paris?
2.   Est-ce que votre ville est loin d'Ottawa?
3.   Qu'est-ce qu'il y a devant l'école? Derrière l'école?
4.   Est-ce qu'il y a une cafétéria à l'école? Où est-elle?
5.   Où est votre salle de classe? Le labo? Le bureau du directeur?
6.   Qu'est-ce qu'il y a en face de votre maison?
7.   Est-ce qu'il y a un restaurant près de chez vous? Comment s'appelle-t-il? Est-ce que vous y allez souvent?
8.   *Décrivez* une grande rue de votre ville.
9.   Décrivez votre maison.
10.  Qui est devant vous dans la salle de classe? Derrière vous? A votre gauche? A votre droite?

## GRAMMAIRE

| Le stylo est | sur<br>sous<br>dans<br>devant<br>derrière | le livre. |
|---|---|---|
| Le restaurant est | en face<br>loin<br>près<br>à gauche<br>à droite<br>au-dessus<br>au-dessous | du cinéma.<br>de la discothèque.<br>de l'école. |

## PHONÉTIQUE

EXERCICE 1:

*Écoutez, puis répétez:*

1.   mi-mu-mou
2.   si-su-sou
3.   fi-fu-fou
4.   vi-vu-vou
5.   bi-bu-bou

EXERCICE 2:
*Répétez:*

1. Tu y vas?
2. D'habitude, tu y vas?
3. Tu t'amuses? Pas du tout.
4. Tu as une boutique.
5. J'y écoute de la musique.
6. Tu veux des légumes?
7. Je veux de la laitue.
8. Où es-tu? Chez Louise Dumas.
9. Tu étudies la musique? Pas du tout.
10. C'est une jupe rouge et une blouse brune.
11. C'est au-dessus? Non, c'est au-dessous.

## DEVINETTE

Vous êtes un ouvrier. Vous voulez *installer* l'eau chez monsieur Lesourd, **l'électricité** chez monsieur Tremblay et le téléphone chez monsieur Lefort. Attention, les *lignes* ne doivent pas se *croiser* (pas de lignes X), ne doivent pas *passer* derrière la maison de monsieur Tremblay, et ne doivent pas passer derrière le téléphone, l'électricité ou l'eau.

# DIALOGUE DE RÉVISION

## A L'ÉPICERIE

| | |
|---|---|
| *L'épicier:* | — Bonjour, madame Laverdure. Comment ça va? |
| Madame Laverdure: | — Très bien, merci, et vous? |
| L'épicier: | — Bien merci. |
| Madame Laverdure: | — Est-ce que je peux avoir ... |
| L'épicier: | — ... des légumes. Vous voulez des légumes. Mais bien sûr, ma *chère* dame. Regardez ces belles tomates rouges, ces gros concombres et ce *céleri,* vert *comme* le printemps, regardez ... |
| Madame Laverdure: | — Non, je ne veux pas ... |
| L'épicier: | — Vous ne voulez pas de légumes. Alors, vous voulez des fruits. Ah, des fruits, j'en ai beaucoup, j'en ai trop: j'ai des pommes et des oranges, des *prunes* et des bananes, des ... |
| Madame Laverdure: | — Non, je veux ... |
| L'épicier: | — ... de la viande. |
| Madame Laverdure: | — Non, je ... |
| L'épicier: | — du lait, du beurre ... |
| Madame Laverdure: | — Non ... |
| L'épicier: | — du pain ... |
| Madame Laverdure: | — Non, non, non, non! Je veux un taxi. Je veux téléphoner à un taxi. Je crois qu'il va pleuvoir et je ne veux pas *rentrer* à la maison à pied. |
| L'épicier: | — Mais ne prenez pas de taxi. Je pars maintenant et je peux vous conduire dans ma *voiture.* De quel côté allez-vous? Du côté de Mont-Bleu? |
| Madame Laverdure: | — Non, je vais du côté de ... |
| L'épicier: | — Mont-Rouge. |
| Madame Laverdure: | — Non, je ... |
| L'épicier: | — Mont-Vert. |
| Madame Laverdure: | — Non, non, non! Je vais du côté de Verdun. |
| L'épicier: | — Ah, mais c'est juste à côté de chez moi. Quand voulez-vous partir? |
| Madame Laverdure: | — Si vous êtes prêt, nous pouvons partir dans ... |
| L'épicier: | — Cinq minutes? |
| Madame Laverdure: | — Non ... |
| L'épicier: | — Dix minutes? |

*(Madame Laverdure crie très fort.)*

# VOCABULAIRE SUPPLÉMENTAIRE

Luc:      — Tu viens faire une promenade?
Lucette:  — Je te **remercie** mais je crois qu'il va pleuvoir.

Luc:      — **Eh bien,** il y a un restaurant juste en face. On y va?
Lucette:  — D'accord, allons-y.

Luc:      — **Tiens,** il commence à pleuvoir. Vite! Dépêchons-nous.
Lucette:  — **Attention,** le **feu** est jaune.
Luc:      — **Ça ne fait rien.** Allons-y. Nous avons le temps de **traverser.**

Lucette:  — Tu m'**attends** un **moment**? Je vais aller au **bureau de poste,**
            juste à côté. Tu peux venir, si tu veux.

Luc:      — Non, je vais **retenir** deux **places** au restaurant.
Lucette:  — Devant la **fenêtre, si possible.**
Luc:      — A tout de suite.

# CONSTRUCTION DE PHRASES

EXERCICE 1:

*Vrai ou faux:*

1. Une banane est un légume.
2. Le rez-de-chaussée est au-dessus du sous-sol.
3. Si <u>a</u> est à gauche de <u>b</u> et à droite de <u>c</u>, alors <u>b</u> est à droite de <u>a</u>.
4. Quand on a mal à la tête, on va chez le dentiste.
5. Le drapeau canadien est rouge et blanc.

EXERCICE 2:

*Complétez les dialogues suivants:*

A) — Pourquoi est-ce que tu te dépêches?

— _____

— Où est-ce que tu vas?

— _____

— Est-ce que Paul y va avec toi?

— _____

— Est-ce que je peux y aller?

— _____

— Merci beaucoup.

B) — A qui le beau petit chien?

— _____

— Est-ce que je peux l'acheter?

— _____

— Combien?

— _____

— C'est trop cher. Je ne peux pas.

— _____

— D'accord, je le prends.

# LABORATOIRE

## PHONÉTIQUE

EXERCICE 1:

*Répétez:*

1.  Appelle       / Appelons
2.  Promène       / Promenons
3.  Appelle       / Appelez
4.  Promène       / Promenez
5.  Jé m'appelle  / Nous nous appelons
6.  Tu t'appelles / Vous vous appelez
7.  Jé me promène / Nous nous promenons
8.  Tu té promènes / Vous vous promenez
9.  Jé me lève    / Nous nous levons
10. Tu té lèves   / Vous vous levez


EXERCICE 2:

*Ex.: S.  Jé me lève à six heures.*
*      I.  Vous et moi?*
*      R.  Nous nous levons à six heures.*

1.  S.  Nous nous promenons dans la ville.
    I.  Et vous?
    R.  Jé me promène dans la ville.
2.  S.  Il s'appelle Paul.
    I.  Et moi?
    R.  Vous vous appelez Paul.
3.  S.  Vous vous levez à huit heures.
    I.  Et Jacques?
    R.  Il se lève à huit heures.
4.  S.  Tu té promènes dans le parc.
    I.  Vous et moi?
    R.  Nous nous promenons dans le parc
5.  S.  Il s'appelle Bill.
    I.  Et moi?
    R.  Vous vous appelez Bill.


EXERCICE 3:

*Écoutez, puis répétez:*

1.  J'espère    / Nous espérons
2.  Tu espères  / Vous espérez
3.  Il préfère  / Nous préférons
4.  On préfère  / Vous préférez

EXERCICE 4:

*Ex.: S.  J'espère jouer aux échecs.*
*    I.  Vous et moi?*
*    R.  Nous espérons jouer aux échecs.*
1.  S.  J'espère aller à Paris.
    I.  Et moi?
    R.  Vous espérez aller à Paris.
2.  S.  Elle préfère aller au cinéma.
    I.  Vous et moi?
    R.  Nous préférons aller au cinéma.
3.  S.  Vous espérez comprendre le film.
    I.  Et moi, Jacques?
    R.  Tu espères comprendre le film.
4.  S.  Nous préférons souper à la maison.
    I.  Et vous?
    R.  Je préfère souper à la maison.

EXERCICE 5:

*Écoutez, puis répétez:*

1.  mi-mu-mou
2.  si-su-sou
3.  fi-fu-fou
4.  vi-vu-vou
5.  bi-bu-bou

EXERCICE 6:

*Répétez:*

1.  Tu y vas?
2.  D'habitude, tu y vas?
3.  Tu t'amuses? Pas du tout.
4.  Tu as une boutique.
5.  J'y écoute de la musique.
6.  Tu veux des légumes?
7.  Je veux de la laitue.
8.  Où es-tu? Chez Louise Dumas.
9.  Tu étudies la musique? Pas du tout.
10.  C'est une jupe rouge et une blouse brune.
11.  C'est au-dessus? Non, c'est au-dessous.

# EXERCICES STRUCTURAUX

EXERCICE 1:

*Ex.: S.  Le soir, je me couche à onze heures.*
*    I.  Paul*
*    R.  Le soir, il se couche à onze heures.*
1.  I.  moi
    R.  Le soir, vous vous couchez à onze heures.
2.  I.  Jacqueline et Nicole
    R.  Le soir, elles se couchent à onze heures.

3.  I.  nous
    R.  Le soir, on se couche à onze heures.
4.  I.  Et moi, Guy?
    R.  Le soir, tu te couches à onze heures.
5.  I.  Roger
    R.  Le soir, il se couche à onze heures.
6.  I.  vous et moi
    R.  Le soir, nous nous couchons à onze heures.
7.  I.  vous
    R.  Le soir, je me couche à onze heures.

EXERCICE 2:

*Ex.: S.  Je m'endors à minuit.*
*      I.  nous*
*      R.  On s'endort à minuit.*
1.  I.  moi
    R.  Vous vous endormez à minuit.
2.  I.  Denise
    R.  Elle s'endort à minuit.
3.  I.  vous et moi
    R.  Nous nous endormons à minuit.
4.  I.  moi, Pierre
    R.  Tu t'endors à minuit.
5.  I.  Claude et Maurice
    R.  Ils s'endorment à minuit.
6.  I.  nous
    R.  On s'endort à minuit.
7.  I.  vous
    R.  Je m'endors à minuit.

EXERCICE 3:

*Ex.: S.  Quand est-ce que vous vous levez?*
*      I.  habiller*
*      R.  Quand est-ce que vous vous habillez?*
1.  I.  Roger
    R.  Quand est-ce qu'il s'habille?
2.  I.  réveiller
    R.  Quand est-ce qu'il se réveille?
3.  I.  moi, Jacques
    R.  Quand est-ce que tu te réveilles?
4.  I.  reposer
    R.  Quand est-ce que tu te reposes?
5.  I.  nous
    R.  Quand est-ce qu'on se repose?
6.  I.  dépêcher
    R.  Quand est-ce qu'on se dépêche?
7.  I.  vous et moi
    R.  Quand est-ce que nous nous dépêchons?
8.  I.  promener
    R.  Quand est-ce que nous nous promenons?

9.  I.  vous
    R.  Quand est-ce que je me promène?
10. I.  amuser
    R.  Quand est-ce que je m'amuse?
11. I.  moi
    R.  Quand est-ce que vous vous amusez?


## EXERCICE 4:

*Ex.: S. Tu te lèves?*
     *R. Non, je ne me lève pas.*
1.  S.  Il se rase?
    R.  Non, il ne se rase pas.
2.  S.  Vous vous peignez?
    R.  Non, je ne me peigne pas.
3.  S.  Vous et moi, nous nous lavons?
    R.  Non, nous ne nous lavons pas.
4.  S.  Elle se dépêche?
    R.  Non, elle ne se dépêche pas.
5.  S.  Je me repose?
    R.  Non, vous ne vous reposez pas.
6.  S.  Moi, Bill, je me couche?
    R.  Non, tu ne te couches pas.


## EXERCICE 5:

*Ex.: S. Je me promène dans le parc.*
     *R. Où est-ce que vous vous promenez?*
1.  S.  Elle se repose le soir.
    R.  Quand est-ce qu'elle se repose?
2.  S.  Il se dépêche parce qu'il est en retard.
    R.  Pourquoi est-ce qu'il se dépêche?
3.  S.  Moi, Guy, je m'habille à huit heures.
    R.  A quelle heure est-ce que tu t'habilles?
4.  S.  Il se lave dans la salle de bain.
    R.  Où est-ce qu'il se lave?
5.  S.  Je me rase parce que je vais à la discothèque.
    R.  Pourquoi est-ce que vous vous rasez?
6.  S.  Vous et moi, nous nous amusons le samedi soir.
    R.  Quand est-ce que nous nous amusons?


## EXERCICE 6:

*Ex.: S. Vous vous reposez.*          R. *Reposez-vous.*
1.  S.  Tu te peignes.                R.  Peigne-toi.
2.  S.  Nous nous dépêchons.          R.  Dépêchons-nous.
3.  S.  Vous vous amusez.             R.  Amusez-vous.
4.  S.  Tu te laves.                  R.  Lave-toi.
5.  S.  Nous nous assoyons.           R.  Assoyons-nous.
6.  S.  Vous vous endormez.           R.  Endormez-vous.

EXERCICE 7:

*Ex.: S. Moi, Pierre, je me couche?*
*   R. Non, ne te couche pas.*
1.  S. Vous et moi, nous nous dépêchons?
    R. Non, ne nous dépêchons pas.
2.  S. Moi, je me peigne?
    R. Non, ne vous peignez pas.
3.  S. Moi, Jacques, je m'assois?
    R. Non, ne t'assois pas.
4.  S. Vous et moi, nous nous promenons?
    R. Non, ne nous promenons pas.
5.  S. Moi, je me lève?
    R. Non, ne vous levez pas.

EXERCICE 8:

*Ex.: S.   Moi, Pierre, je peux y aller?*
*   R₁.  Oui, vas-y.*
*   R₂.  Non, n'y va pas.*
1.  S.   Vous et moi, nous pouvons y aller?
    R₁.  Oui, allons-y.
    R₂.  Non, n'y allons pas.
2.  S.   Je peux y aller?
    R₁.  Oui, allez-y.
    R₂.  Non, n'y allez pas.
3.  S.   Moi, Jacques, je peux y aller?
    R₁.  Oui, vas-y.
    R₂.  Non, n'y va pas.

EXERCICE 9:

*Ex.: S. Je préfère étudier.*
*   I. commencer*
*   R. Je commence à étudier.*
1.  S. jouer aux cartes.
    R. Je commence à jouer aux cartes.
2.  S. finir
    R. Je finis de jouer aux cartes.
3.  S. classer mes notes de cours
    R. Je finis de classer mes notes de cours.
4.  S. aimer
    R. J'aime classer mes notes de cours.
5.  S. faire de la natation.
    R. J'aime faire de la natation.
6.  S. avoir peur
    R. J'ai peur de faire de la natation.
7.  S. conduire une moto
    R. J'ai peur de conduire une moto.
8.  S. espérer
    R. J'espère conduire une moto.

9.   S.   organiser un pique-nique
       R.   J'espère organiser un pique-nique.
10.   S.   commencer
       R.   Je commence à organiser un pique-nique.

EXERCICE 10:

*Ex.:*   *S.   Jacques organise un party.*
         *I.   commencer*                   *R.   Jacques commence à organiser un party.*

1.   S.   Je classe mes notes de cours.
       I.   finir                            R.   Je finis de classer mes notes de cours.
2.   S.   Nous mangeons au restaurant.
       I.   aimer                         R.   Nous aimons manger au restaurant.
3.   S.   Mon père fait de la natation.
       I.   avoir peur              R.   Mon père a peur de faire de la natation.
4.   S.   Mon frère conduit une moto.
       I.   espérer                R.   Mon frère espère conduire une moto.
5.   S.   Il fait froid.
       I.   commencer         R.   Il commence à faire froid.
6.   S.   Nous visitons la ville.
       I.   avoir l'intention    R.   Nous avons l'intention de visiter la ville.
7.   S.   Mon oncle fait une partie d'échecs.
       I.   préférer             R.   Mon oncle préfère faire une partie d'échecs.
8.   S.   Vous allez à l'épicerie.
       I.   avoir le temps     R.   Vous avez le temps d'aller à l'épicerie.
9.   S.   Je dors toute la journée.
       I.   pouvoir             R.   Je peux dormir toute la journée.
10.   S.   Il finit son travail.
       I.   se dépêche        R.   Il se dépêche de finir son travail.

EXERCICE 11:

*Ex.:*   *S.   Est-ce que l'aéroport est loin de la ville?*
        *R.   Non, il est près de la ville.*

1.   S.   Est-ce que le restaurant est à gauche du cinéma?
       R.   Non, il est à droite du cinéma.
2.   S.   Est-ce que le bureau est au-dessus du labo?
       R.   Non, il est au-dessous du labo.
3.   S.   Est-ce que la maison est devant le magasin?
       R.   Non, elle est derrière le magasin.
4.   S.   Est-ce que le chapeau est sur la table?
       R.   Non, il est sous la table.
5.   S.   Est-ce que l'école est près du stade?
       R.   Non, elle est loin du stade.
6.   S.   Est-ce que Maurice est à droite de Nicole?
       R.   Non, il est à gauche de Nicole.
7.   S.   Est-ce que la boutique est au-dessous de la discothèque?
       R.   Non, elle est au-dessus de la discothèque.

# CONVERSATION

DIALOGUE 1:

*Au bureau du médecin*

| | |
|---|---|
| Le médecin: | — Bonjour, Monsieur. |
| M. Legros: | — Bonjour, Docteur. |
| Le médecin: | — Qu'est-ce qui se passe? Ça ne va pas bien? |
| M. Legros: | — Ah, Docteur, j'ai toujours mal à la tête, j'ai souvent mal au ventre et la nuit, je ne peux pas dormir. Quelquefois, je m'endors à deux heures du matin. |
| Le médecin: | — A quelle heure est-ce que vous vous couchez, le soir, d'habitude? |
| M. Legros: | — D'habitude, je me couche à minuit. Quelquefois, à une heure. |
| Le médecin: | — Et à quelle heure est-ce que vous vous levez? |
| M. Legros: | — Je me lève à huit heures. |
| Le médecin: | — Est-ce que vous vous dépêchez, le matin? |
| M. Legros: | — Oui, parce que je commence à travailler à huit heures et demie. |
| Le médecin: | — Est-ce que vous avez le temps de déjeuner? |
| M. Legros: | — Non, Docteur, je n'ai pas le temps. Je me lève, je me lave, je me rase, je m'habille *puis* je prends ma voiture et j'arrive au bureau à huit heures et demie. Au bureau, je prends une tasse de café. |
| Le médecin: | — Est-ce que vous travaillez loin de chez vous? |
| M. Legros: | — Non, je travaille près de chez moi. |
| Le médecin: | — Le midi, est-ce que vous allez manger à la maison? |
| M. Legros: | — Non, je vais manger au restaurant, juste en face de mon bureau. |
| Le médecin: | — Et qu'est-ce que vous mangez? |
| M. Legros: | — Un sandwich avec des *frites*. |
| Le médecin: | — Bon, je crois que je comprends tout. Vous avez de très *mauvaises habitudes* et vous devez les *changer*. |
| M. Legros: | — Qu'est-ce que je vais faire? |
| Le médecin: | — Couchez-vous à onze heures et levez-vous à sept heures. Prenez un bon déjeuner puis allez au bureau à pied. |
| M. Legros: | — A pied? |
| Le médecin: | — Oui, vous devez faire un peu d'*exercice*. Et le midi, allez manger à la maison. Vous avez mal au ventre parce que, le jour, vous ne mangez pas bien et le soir, vous mangez trop. Après le souper, allez faire une promenade à pied puis reposez-vous. |
| M. Legros: | — Ça va être difficile mais ça ne fait rien, je vais *essayer*. Merci beaucoup, Docteur. |
| Le médecin: | — Il n'y a pas de quoi. Au revoir, Monsieur. |
| M. Legros: | — Au revoir, Docteur. |

DIALOGUE 2:

Bernard:   — Allô, Maurice? Bernard à l'*appareil.*
Maurice:   — Salut, Bernard. Comment ça va?
Bernard:   — Bien merci. Tu viens faire un peu de natation cet après-midi?
Maurice:   — Je te remercie, mais mon oncle et ma tante sont ici avec ma *cousine* et je dois rester à la maison.
Bernard:   — Est-ce qu'elle est *jolie,* ta cousine?
Maurice:   — Très jolie. Elle a de beaux yeux bleus, les *cheveux blonds* ...
Bernard:   — *Splendide!* Est-ce que je peux lui parler s'il te plait?
Maurice:   — Toi, tu peux lui parler si tu veux, mais elle, elle ne peut pas te parler.
Bernard:   — Ah non? Pourquoi?
Maurice:   — Elle a un an aujourd'hui.

*La porte St-Louis.*

# PRÉSENTATIONS

## PRÉSENTATION 1:

— Demande à Paul ce qu'il a fait aujourd'hui.

— Paul, qu'est-ce que tu as fait aujourd'hui?

— ...

— Dis à papa ce que tu as fait aujourd'hui.

— ...

1. <u>Demandez à Paul</u> ...

a) <u>s'il</u> a fini son travail.       — Paul, est-ce que tu as fini ton travail?
b) <u>ce qu'il</u> a fait hier soir.       — Qu'est-ce que tu as fait hier soir?
c) <u>où</u> est la cafétéria.       — Où est la cafétéria?
d) <u>quand</u> il va partir.       — Quand est-ce que tu vas partir?
e) <u>pourquoi</u> il se dépêche.       — Pourquoi est-ce que tu te dépêches?
f) <u>comment</u> il est venu à l'école.       — Comment est-ce que tu es venu à l'école?
g) <u>s'il croit</u> qu'il va faire beau.       — Est-ce que tu crois qu'il va faire beau?
h) <u>quelle</u> heure il est.       — Quelle heure est-il?

2. <u>Dites à Nicole</u> ...

a) <u>que</u> vous avez mal aux dents.       — J'ai mal aux dents.
b) <u>ce que</u> vous avez mangé hier soir.       — Hier soir, j'ai mangé du rôti.
c) <u>de</u> se dépêcher.       — Nicole, dépêche-toi.
d) <u>où</u> vous voulez aller samedi soir.       — Samedi soir, je veux aller au cinéma.
e) <u>quand</u> vous avez fini votre travail.       — J'ai fini mon travail hier soir.
f) <u>pourquoi</u> vous aimez l'hiver.       — J'aime l'hiver parce que je peux faire du ski.
g) <u>comment</u> vous voulez aller à Paris.       — Je veux aller à Paris en avion.
h) <u>quelle</u> heure il est.       — Il est onze heures.

## EXERCICES DE RENFORCEMENT

### EXERCICE 1:

*Ex.: S. Demandez à Paul s'il a fini son travail.*
*R. Est-ce que tu as fini ton travail?*

1. Demandez-lui ce qu'il a fait hier soir.
2. Demandez-lui à quelle heure il doit partir.
3. Demandez-lui pourquoi il arrive en retard.
4. Demandez-lui s'il a compris le film.
5. Demandez-lui quand il va organiser un party.
6. Demandez-lui où il a acheté sa moto.
7. Demandez-lui s'il croit que le professeur peut chanter.
8. Demandez-lui ce qu'il a visité à Québec.

### EXERCICE 2:

*Ex.: 1. S. Dites à Nicole de se dépêcher.*
*R. Nicole, dépêche-toi.*
*2. S. Dites-lui ce que vous avez mangé hier soir.*
*I. du rôti*
*R. J'ai mangé du rôti hier soir.*

1. S. Dites-lui que le film commence à sept heures.
2. S. Dites-lui quand votre oncle va arriver.
    I. la semaine prochaine
3. S. Dites-lui où vous êtes allé(e) hier soir.
    I. au gymnase
4. S. Dites-lui de se reposer un peu.
5. S. Dites-lui ce que vous allez regarder ce soir.
    I. un bon film
6. S. Dites-lui pourquoi vous ne pouvez pas aller au cinéma.
    I. mal à la tête
7. S. Dites-lui que vous croyez qu'il va pleuvoir.

EXERCICE 3:

*Ex.: 1. S. Demandez-moi ce que j'ai fait dimanche passé.*
*R. Qu'est-ce que vous avez fait dimanche passé?*
*2. S. Dites-moi comment vous êtes allé(e) au cinéma, hier soir.*
*R. Hier soir, je suis allé(e) au cinéma en autobus.*

1. Dites à Gilles de se peigner.
2. Demandez à Monique si elle est allée au cinéma hier soir.
3. Demandez-moi comment je suis venu(e) à l'école, ce matin.
4. Dites-moi que vous avez l'intention de faire une promenade à la campagne.
5. Dites à Jacques pourquoi vous devez partir tout de suite.
6. Demandez-moi si je crois qu'il va neiger, demain.
7. Demandez au directeur où est son bureau.
8. Dites à Marie de ne pas crier.
9. Demandez-lui pourquoi elle crie.
10. Dites-moi quel film vous avez regardé à la télévision.

— Qu'est-ce qu'il dit?　　　　　— Il dit que vous êtes stupide.

## PRÉSENTATION 2A:

Pardon, Mademoiselle, savez-vous où est Rio de Janeiro?

## EXERCICES DE RENFORCEMENT

EXERCICE 1:

| Savez-vous où est Toronto? | |
|---|---|
| Et Jean? | Sait-il où est Toronto? |
| Et moi, Pierre?<br>Vous et moi?<br>Monsieur et madame Dumas?<br>Monique?<br>Et moi?<br>Roger et Marcel? | |

EXERCICE 2:

*Ex.: S.  Où est-ce que Jean étudie?*
*     R.  Savez-vous où Jean étudie?*
 1.   A quelle heure est-ce que l'avion arrive?
 2.   Comment est-ce qu'ils vont à Paris?
 3.   Pourquoi est-ce qu'elle se dépêche?
 4.   Où est la cafétéria?
 5.   Où est-ce que les ouvriers travaillent?
 6.   Quand est-ce que l'hiver commence?
 7.   A quelle heure est-ce que Jacques se lève?
 8.   Pourquoi est-ce que nous devons étudier?
 9.   Comment est-ce qu'elle s'appelle?
10.   Quand est-ce que les étudiants s'amusent?
11.   Où est-ce qu'on soupe, ce soir?
12.   Où est le restaurant français?

EXERCICE 3:

*Ex.: S.  Demandez à monsieur Lebrun s'il sait où est le stade.*
*     R.  Pardon, Monsieur, savez-vous où est le stade?*
1.   Demandez à madame Tremblay si elle sait quand monsieur Tremblay va arriver.
2.   Demandez à mademoiselle Latulipe si elle sait pourquoi il n'y a pas de film au cinéma.
3.   Demandez à monsieur Savoie s'il sait à quelle heure la partie de football va commencer.
4.   Demandez à madame Dubois si elle sait où les garçons font un pique-nique.
5.   Demandez à mademoiselle Leclerc si elle sait où est le centre d'achats Saint-Laurent.
6.   Demandez à monsieur Rochon s'il sait pourquoi il y a des ouvriers dans la salle de classe.

## GRAMMAIRE

| Où est Toronto? | | Savez-vous où est Toronto? | | |
|---|---|---|---|---|
| Où<br>Quand<br>A quelle heure<br>Comment<br>Pourquoi | <u>est-ce que</u> Paul<br>travaille? | Savez-vous | où<br>quand<br>à quelle heure<br>comment<br>pourquoi | Paul travaille? |

## PHONÉTIQUE

*Ex.: 1.  S.  Dites à Jean qu'il peut partir.*
*R.  Tu peux partir.*
*2.  S.  Demandez à Jean s'il peut partir.*
*R.  Tu peux partir?*

1.  Dites à Jean qu'une moto, ça coûte cher.
2.  Demandez à Jean si une moto, ça coûte cher.
3.  Dites à Marie que le professeur est au labo.
4.  Demandez à Marie si le professeur est au labo.
5.  Dites-moi que Paul va organiser un party.
6.  Demandez-moi si Paul va organiser un party.
7.  Dites-moi qu'aujourd'hui, c'est jeudi.
8.  Demandez-moi si aujourd'hui, c'est jeudi.

— BLA-BLA-BLA-BLA-BLA-BLA        — BLA-AAAAAAA!        — BLA-QUOI?

# PRÉSENTATION 2B:

Je ne sais pas lire.

## EXERCICES DE RENFORCEMENT

### EXERCICE 1:

| Je sais chanter. | |
|---|---|
| Guy | Il sait chanter. |
| danser<br>vous et moi<br>conduire une auto<br>moi, Pierre<br>jouer au hockey<br>moi<br>lire<br>Marie et Nicole<br>nager | |

### EXERCICE 2:

*Ex.: S.  Pourquoi est-ce que tu ne chantes pas?*
*R.  Parce que je ne sais pas chanter.*

1.    Pourquoi est-ce que Marcel ne nage pas?
2.    Pourquoi est-ce que je ne joue pas du piano?
3.    Pourquoi est-ce que Gilles ne conduit pas?
4.    Vous et moi, pourquoi est-ce que nous ne chantons pas?
5.    Moi, Paul, pourquoi est-ce que je ne danse pas?

## EXERCICES DE CONVERSATION

### EXERCICE 1:

*Répondez aux questions:*

1.    Savez-vous jouer de la guitare? De quel instrument savez-vous jouer?
2.    Demandez au professeur s'il sait jouer aux échecs.
3.    Dites au professeur que vous ne savez pas chanter.
4.    Demandez à un étudiant s'il sait faire du ski.
5.    Savez-vous jouer à la pétanque?

EXERCICE 2:

Qu'est-ce qu'ils ne savent pas faire?

1.

2.

3.

4.

5.

6.

# PRÉSENTATION 3:

— N'en prends pas.

— Ne l'écoute pas. Prends-en.

## EXERCICES DE RENFORCEMENT

EXERCICE 1:

| Tu me regardes. | Regarde-moi. |
|---|---|
| Tu m'écoutes.<br>Tu m'attends.<br>Tu me parles.<br>Tu me téléphones.<br>Tu m'écris. | |

EXERCICE 2:

| Regarde-moi. | Ne me regarde pas. |
|---|---|
| Écoute-moi.<br>Attends-moi.<br>Parle-moi.<br>Téléphone-moi.<br>Écris-moi. | |

EXERCICE 3:

| Prends le stylo. | Prends-le. |
|---|---|
| Regardons la télévision.<br>Achetez les souliers.<br>Fais le travail.<br>Écoutons la musique.<br>Prends le train.<br>Finissez les réparations. | |

EXERCICE 4:

*Faire l'exercice 3 à la forme négative.*

*Ex.: S.  Prends le stylo.*          *R.  Ne le prends pas.*

EXERCICE 5:

*Ex.: S.  Est-ce que je peux vous téléphoner?*

*R.  Oui, téléphonez-moi.*

1.    Est-ce que je peux parler au directeur?
2.    Est-ce que je peux écrire à monsieur et madame Beaudet?
3.    Est-ce que je peux vous téléphoner, à vous et à Paul?

4.    Est-ce que je peux vous écrire?
5.    Est-ce que je peux parler à Jacqueline?

EXERCICE 6:

*Faire l'exercice 5 à la forme négative.*
*Ex.: S.  Est-ce que je peux vous téléphoner?*
*      R.  Non, ne me téléphonez pas.*

EXERCICE 7:

| J'achète des livres? | Oui, achètes-en. |
|---|---|
| Je prends de la laitue?<br>J'écoute de la musique?<br>Je regarde des films?<br>J'achète des stylos?<br>Je prends du lait? | |

EXERCICE 8:

*Faire l'exercice 7 à la forme négative.*
*Ex.: S.  J'achète des livres?*
*      R.  Non, n'en achète pas.*

EXERCICE 9:

*Ex.: S.  Vous et moi, nous allons prendre le train.*
*      R.  Prenons-le.*
 1.    Moi, Paul, je vais finir mon travail.
 2.    Moi, je vais écrire à Jacqueline.
 3.    Vous et moi, nous allons manger du rôti.
 4.    Moi, Marie, je vais regarder le film.
 5.    Moi, je vais téléphoner à Guy et à Gilles.
 6.    Vous et moi, nous allons acheter des skis.
 7.    Moi, Maurice, je vais acheter la maison.
 8.    Moi, je vais vous parler.
 9.    Vous et moi, nous allons écouter de la musique.
10.    Moi, Nicole, je vais aller à Montréal.

EXERCICE 10:

*Faire l'exercice 9 à la forme négative.*
*Ex.: S.  Vous et moi, nous allons prendre le train.*
*      R.  Non, ne le prenons pas.*

EXERCICE 11:

*Ex.: Si tu n'as pas de stylo, achètes-en un* _____.
 1.    Si c'est un bon film, _____.
 2.    Si tu veux parler à Marie, _____.
 3.    Si tu dois apporter ton travail demain matin, _____.
 4.    Si cette musique t'ennuie, _____.
 5.    Si tu ne veux pas de viande, _____.
 6.    Si tu ne veux pas être en retard, _____.
 7.    Si tu veux aller au cinéma, _____.
 8.    Si tu n'as pas de skis, _____.

# GRAMMAIRE: l'impératif avec les pronoms objets

| Tu | me<br>—<br>le<br>la<br>nous<br>—<br>les | regardes. | Regarde | -moi.<br>—<br>-le.<br>-la.<br>-nous.<br>—<br>-les. | Ne | me<br>—<br>le<br>la<br>nous<br>—<br>les | regarde pas. |
|---|---|---|---|---|---|---|---|
| Tu | me<br>—<br>lui<br>nous<br>—<br>leur | parles. | Parle | -moi.<br>—<br>-lui.<br>-nous.<br>—<br>-leur. | Ne | me<br>—<br>lui<br>nous<br>—<br>leur | parle pas. |
| Tu | en | achètes.<br>prends. | Achètes-en.<br>Prends-en. | | N'en achète pas.<br>N'en prends pas. | | |
| Tu | y | travailles.<br>vas. | Travailles-y.<br>Vas-y. | | N'y travaille pas.<br>N'y va pas. | | |

# PHONÉTIQUE

Lorsque le pronom ''le'' suit le verbe, le ''e'' est toujours prononcé.

**EXERCICE 1:**

*Écoutez, puis répétez:*

1. Prends le bateau.   /   Prends-le.
2. Fais le travail.   /   Fais-le.
3. Attends le garçon.   /   Attends-le.
4. Achetons le stylo.   /   Achetons-le.
5. Écoutons le professeur.   /   Écoutons-le.

**EXERCICE 2:**

*Écoutez, puis répétez:*

1. Tu le prends.   /   Prends-le.
2. Tu le fais.   /   Fais-le.
3. Tu l'écoutes.   /   Écoute-le.
4. Tu le regardes.   /   Regarde-le.
5. Tu l'achètes.   /   Achète-le.

**EXERCICE 3:**

*Répétez:*

1. Prends-le.   /   Prends-les.
2. Dis-le.   /   Dis-les.
3. Mange-le.   /   Mange-les.
4. Lis-le.   /   Lis-les.
5. Écris-le.   /   Écris-les.

**EXERCICE 4:**

*Répétez:*

1. Prends des livres.   /   Prends-en.
2. Achète des stylos.   /   Achètes-en.
3. Écoute de la musique.   /   Écoutes-en.
4. Regarde des autos.   /   Regardes-en.
5. Va à Montréal.   /   Vas-y.

## PRÉSENTATION 4:

Votre nom, votre adresse et votre numéro de téléphone, s'il vous plaît.

## EXERCICES DE RENFORCEMENT

EXERCICE 1:

| J'habite à Montréal. | |
|---|---|
| Paul<br>Toronto | Il habite à Montréal.<br>Il habite à Toronto. |
| moi<br>Saskatoon<br>vous et moi<br>Vancouver<br>monsieur et madame Latulipe<br>Winnipeg<br>moi, Paul<br>Ottawa | |

EXERCICE 2:

*Ex.: S. Il habite 35, rue Notre-Dame, à Montréal.*
*I. rue Laurier*
*R. Il habite 35, rue Laurier, à Montréal.*
1. Toronto
2. 64
3. avenue du Parc
4. Montréal
5. 36
6. boulevard Saint-Laurent

EXERCICE 3:

*Ex.: S. Où est-ce que Paul habite? A la campagne?*
*R. Oui, il habite à la campagne.*
1. Où est-ce que Micheline habite? Dans cette grande maison?
2. Où est-ce que vous habitez? A Paris?
3. Où est-ce que Marie et Roger habitent? A la campagne?
4. Où est-ce que Marcel habite? Rue Laurier?
5. Où est-ce que Monique habite? Dans une petite ville?

EXERCICE 4:

| Il habite à Montréal. | |
|---|---|
| Toronto | Il habite à Toronto. |
| la campagne<br>boulevard Laurier<br>la maison verte<br>18, rue Notre-Dame<br>la ville<br>une petite ville<br>avenue du Parc<br>Regina<br>une belle maison | |

## EXERCICE DE CONVERSATION

*Répondez aux questions suivantes:*

1. Quel est votre nom? Quelle est votre adresse? Quel est votre numéro de téléphone?
2. Savez-vous quelle est l'adresse de votre professeur?
3. Demandez à un étudiant dans la classe quelle est son adresse.
4. Demandez à un étudiant s'il sait où le directeur habite.
5. Est-ce que vous habitez à la ville ou à la campagne? Préférez-vous habiter à la ville ou à la campagne?
6. Quelle ville est-ce que vous habitez? Est-ce que vous avez toujours habité à...? Où est-ce que vous avez habité avant?
7. Est-ce que vous avez des oncles et des tantes? Où habitent-ils?
8. Savez-vous où habite le Premier Ministre du Canada? Le Président des États-Unis? Le Président de la France? Le Père Noël?

## GRAMMAIRE

| | | 23, rue Mont-Bleu, à Montréal. |
|---|---|---|
| | | rue Mont-Bleu.<br>avenue Dumas (av. Dumas).<br>boulevard Laurier (boul. Laurier). |
| J'habite | à | Montréal.<br>la ville.<br>la campagne. |
| | dans | une grande ville.<br>une vieille maison. |

ÉCOLE SAINT-LAURENT

NOM: _JACQUES_ _DUMAS_
      *PRÉNOM*           NOM

ADRESSE: _23_ _rue Mont-Bleu_ _Montréal_ _Québec_
      No.      RUE      VILLE      PROV.

NO. DE TÉLÉPHONE: _381-5422_

DATE: _14 septembre 1973_

      SIGNATURE: _Jacques Dumas_

## PETIT JEU

Savez-vous quelle est la **profession** de Paul, de Jacques et de Roger?

Le plombier joue au hockey avec l'électricien. Il habite dans une maison blanche. Roger a soixante ans. Il a une vieille auto. Paul habite dans une grande ville. L'électricien ne sait pas conduire. Jacques habite dans une maison verte. Le mécanicien habite à la campagne.

## PRÉSENTATION 5:

Il s'est endormi.

## EXERCICES DE RENFORCEMENT

### EXERCICE 1:

| Hier, je me suis couché(e) à minuit. | |
| --- | --- |
| Et Maurice? | Hier, il s'est couché à minuit. |
| Et moi?<br>Monique et Nicole?<br>Et vous?<br>Et nous?<br>Vous et moi?<br>Et moi, Jacques?<br>Et Marie?<br>Et Gilles? | |

### EXERCICE 2:

*Ex.:* S.  *D'habitude, je me lève à sept heures.*
  R.  *Hier, je me suis levé(e) à sept heures.*
 1.  D'habitude, nous nous reposons après le souper.
 2.  D'habitude, ils s'amusent dans la salle de jeux.
 3.  D'habitude, tu te dépêches.
 4.  D'habitude, il se rase dans la salle de bain.
 5.  D'habitude, je me couche à onze heures.
 6.  D'habitude, on se promène dans le parc.
 7.  D'habitude, elle se réveille à six heures.
 8.  D'habitude, vous vous lavez à sept heures.
 9.  D'habitude, je m'endors à minuit.
10.  D'habitude, il s'assoit sur cette chaise-là.

### EXERCICE 3:

*Ex.:* S. *Est-ce que Jean s'est amusé?*
  R. *Non, il ne s'est pas amusé.*
 1.  Est-ce que vous vous êtes peigné(e)?
 2.  Est-ce que Pierre s'est dépêché?
 3.  Vous et moi, est-ce que nous nous sommes reposé(e)s?
 4.  Moi, Jacqueline, est-ce que je me suis endormie?
 5.  Est-ce que Guy et Paul se sont promenés?
 6.  Est-ce que vous vous êtes rasé?
 7.  Est-ce que Monique s'est levée?
 8.  Vous et moi, est-ce que nous nous sommes assis(es)?

## EXERCICE 4:

*Ex.: S. Demandez-moi si je me suis amusé(e).*
*R. Est-ce que vous vous êtes amusé(e)?*

1.  Demandez-moi si Bill s'est réveillé.
2.  Demandez-moi si monsieur et madame Tremblay se sont amusés.
3.  Demandez-moi si je me suis reposé(e).
4.  Demandez-moi si Marie s'est dépêchée.
5.  Demandez-moi à quelle heure Paul s'est endormi.
6.  Demandez-moi pourquoi je me suis peigné(e).
7.  Demandez-moi quand ils se sont promenés.
8.  Demandez-moi où je me suis lavé(e).

## EXERCICE 5:

*Mettre le texte suivant au passé. Ex.: ''Hier, Gilles ...''*

D'habitude, Gilles se lève à sept heures. Il s'habille, il se peigne puis il va dans la cuisine. Il mange deux toasts et il boit du café. Ensuite, il prend l'autobus et il va à l'école. Il arrive à l'école à huit heures et demie. Il va à la cafétéria et il prend une autre tasse de café. A neuf heures, il va au labo. A midi, il dîne vite puis il joue au football. A quatre heures, il part et il va tout de suite à la maison. Il se dépêche parce qu'à cinq heures, il y a une bonne émission à la télévision. A six heures, il soupe puis il se repose un peu. A huit heures, il commence à étudier et à dix heures et demie, il se couche. Il lit un peu et il s'endort.

## EXERCICE DE CONVERSATION

*Répondez aux questions suivantes:*

1.  Quand êtes-vous allé(e) à un party? Vous êtes-vous amusé(e)?
2.  Est-ce que vous vous êtes dépêché(e) ce matin? Pourquoi?
3.  A quelle heure est-ce que vous vous êtes couché(e) hier soir? Vous êtes-vous endormi(e) tout de suite?
4.  Est-ce que vous avez déjeuné ce matin? Qu'est-ce que vous avez mangé?
5.  Comment est-ce que vous êtes venu(e) à l'école ce matin?

# DIALOGUE DE RÉVISION

| | |
|---|---|
| Madame Lebrun: | Gilles! Réveille-toi, il est sept heures. |
| Gilles: | Hmmmm. |
| Madame Lebrun: | Gilles, tu vas être en retard à l'école. Lève-toi. |
| Gilles: | Hmmmm. Je veux dormir. |
| Madame Lebrun: | Tu veux dormir le matin parce que le soir, tu te couches trop *tard*. Hier soir, tu as regardé la télévision jusqu'à minuit. Gilles! Gilles! Tu m'écoutes? |
| Gilles: | Hmmmm? |
| Monsieur Lebrun: | Gilles, lève-toi! |
| Gilles: | Oui, *papa*. Tout de suite, papa. |
| Madame Lebrun: | Lave-toi et habille-toi. Je vais *préparer* ton déjeuner. |
| Gilles: | Ah, *quelle vie!* Gilles, lève-toi! Gilles, lave-toi! Gilles, dépêche-toi! Ma famille, ce n'est pas une famille, c'est une école *militaire*. |
| Madame Lebrun: | Gilles, est-ce que tu viens dîner à la maison à midi? |
| Gilles: | Non, *maman*. Je ne crois pas. Je préfère manger à la cafétéria de l'école. |
| Madame Lebrun: | Ah oui? Pourquoi? |
| Gilles: | Parce que cet après-midi, j'ai un cours à une heure et je n'ai pas le temps de venir à la maison. |
| Madame Lebrun: | Et ce soir, à quelle heure est-ce que tu vas arriver? |
| Gilles: | A cinq heures, je crois. |
| Madame Lebrun: | Est-ce que tu vas trouver le temps d'aller acheter du beurre et du lait? Nous *n'*en avons *plus*. |
| Gilles: | Bien sûr! Il y a une épicerie juste en face de l'école. |

— Qu'est-ce qu'il dit? Je ne comprends pas, il y a trop de bruit.

— Il dit qu'il y a trop de bruit.

# VOCABULAIRE SUPPLÉMENTAIRE

La jeune fille:      Pardon, Monsieur. Savez-vous où est le bureau
                     de poste?

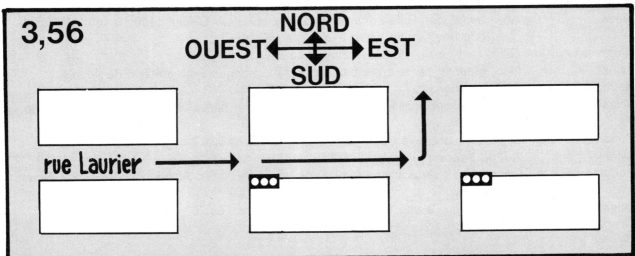

Le jeune homme:  Bien sûr, Mademoiselle. Vous prenez la rue Laurier, **direction** est. Vous allez **jus-qu'au** deuxième feu de **circulation, puis** vous **tournez** à gauche.

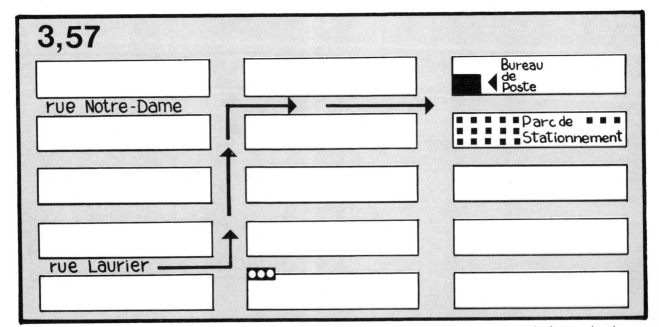

Vous **continuez** jusqu'à la rue Notre-Dame, puis vous tournez à droite. Le bureau de poste est juste au **coin** de la rue **suivante.**

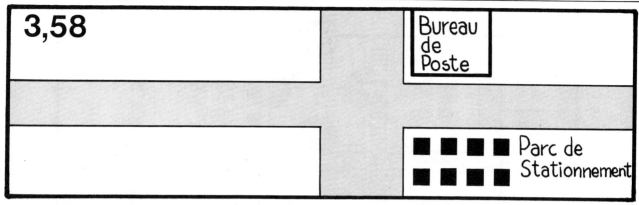

La jeune fille:       Est-ce qu'on peut **stationner** près de là?
Le jeune homme:   Oui, il y a un **parc de stationnement** juste en face du bureau de poste.
La jeune fille:       Merci beaucoup, Monsieur.
Le jeune homme:   Il n'y a pas de quoi, Mademoiselle.

## EXERCICE 1:

Ex.: S.  *Vous prenez la rue Laurier, direction nord.*
  I.  *Notre-Dame; est*
  R.  *Vous prenez la rue Notre-Dame, direction est.*

1.  I.  Dumas; ouest
2.  I.  Saint-Michel; sud     4.  I.  Saint-Paul; nord
3.  I.  Principale; est      5.  I.  Saint-Luc; ouest

## EXERCICE 2:

Ex.: S.  *Vous allez jusqu'au cinéma, puis vous tournez à droite.*
  I.  *centre d'achats; gauche*
  R.  *Vous allez jusqu'au centre d'achats, puis vous tournez à gauche.*

1.  I.  rue Dumas; droite
2.  I.  école; gauche      4.  I.  rue Principale; gauche
3.  I.  bureau de poste; droite   5.  I.  feu de circulation; droite

## EXERCICE 3:

Ex.: S.  *Vous continuez jusqu'à la rue suivante.*
  I.  *Pierre; magasin*
  R.  *Il continue jusqu'au magasin suivant.*

1.  I.  vous et moi; maison
2.  I.  vous; restaurant     4.  I.  Nicole; centre d'achats
3.  I.  moi, Paul; épicerie    5.  I.  moi; supermarché

## EXERCICE 4:

*Répondez aux questions suivantes.*

1.  Où est le nord? Le sud? L'est? L'ouest?
2.  Est-ce que votre école est au nord, au sud, à l'est ou à l'ouest de votre ville?
3.  Qu'est-ce qu'il y a au nord de votre école?
4.  Quelle rue habitez-vous? Quelle rue est-ce qu'il y a à l'est de votre rue? A l'ouest? Au nord? Au sud?
5.  Quelles villes est-ce qu'il y a au sud de votre ville?
6.  Est-ce qu'il y a des feux de circulation près de votre école? Où sont-ils?
7.  Est-ce qu'il y a un parc de stationnement près de l'école? Où est-il?
8.  Est-ce qu'on peut stationner dans la rue, en face de l'école?

EXERCICE 5:

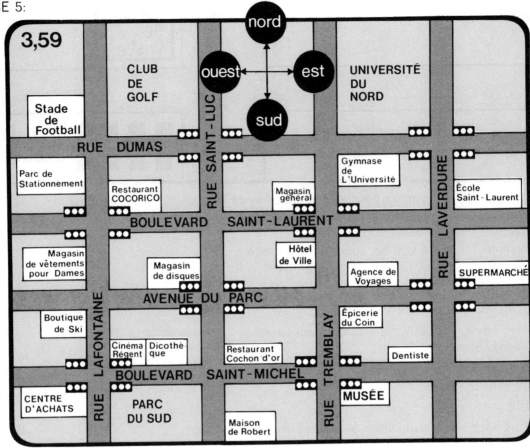

— C'est le **plan** d'une ville.
— La rue Tremblay est **entre** la rue Saint-Luc et la rue Laverdure.
— Il y a des feux de circulation à l'**intersection** des rues Laverdure et Dumas.
— La boutique de ski est à l'**angle** de la rue Lafontaine et de l'avenue du Parc.

*Répondez aux questions:*

1. A quelles intersections est-ce qu'il y a des feux de circulation sur le plan?
2. Où est l'épicerie du coin? Est-ce qu'elle est loin de l'agence de voyages?
3. Où est la discothèque? Entre quelles rues est-elle?
4. Est-ce que le musée est au nord ou au sud de la ville? Il est à l'angle de quelles rues?
5. Qu'est-ce qu'il y a en face du stade de football?
6. Où est-ce que Robert habite?
7. Robert est étudiant à l'école Saint-Laurent. Comment est-ce qu'il va à l'école, le matin?
8. Vous êtes au centre d'achats. Vous voulez aller à l'Université du Nord. Quelles rues est-ce que vous prenez?
9. Le père de Robert va au stade de football. Comment est-ce qu'il y va?
10. Vous êtes à la boutique de ski. Prenez la rue Lafontaine, direction nord. Au premier feu de circulation, tournez à droite. Continuez jusqu'au feu de circulation suivant, puis tournez à gauche. A la rue suivante, tournez à droite, puis *encore* à droite à la rue suivante. Continuez jusqu'à la troisième rue. Où êtes-vous?
11. Est-ce que vous habitez dans une grande ou dans une petite ville? Habitez-vous loin de l'école? Quelles rues prenez-vous pour aller à l'école?
12. Où est-ce que votre père travaille? Comment va-t-il travailler, le matin?

# CONSTRUCTION DE PHRASES

EXERCICE 1:

*Jouez l'histoire:*

Dans un restaurant, un jeune homme prend un coca-cola. Une belle jeune fille entre et elle va s'asseoir à une table près de la table du jeune homme. Le jeune homme regarde la jeune fille. La jeune fille regarde le jeune homme. Le jeune homme se lève et va du côté de la jeune fille. Il lui dit bonjour. Elle ne parle pas. Il lui dit son nom. Il lui demande comment elle s'appelle. Elle lui dit son nom. Il lui demande ce qu'elle fait. Elle lui dit qu'elle est étudiante. Il lui demande si elle sait jouer au tennis. Elle lui dit qu'elle sait un peu jouer. Il lui dit qu'il a l'intention d'aller jouer au tennis à quatre heures et il lui demande si elle veut y aller avec lui. Elle lui dit qu'elle ne peut pas y aller parce qu'elle doit aller à l'épicerie avec sa mère. Il lui demande si elle veut aller au cinéma samedi soir. Elle lui dit: "D'accord". Il lui demande son adresse et son numéro de téléphone. Elle les dit au jeune homme et il les écrit dans son cahier. Il lui dit qu'il va lui téléphoner samedi. Il dit: "Au revoir". Elle dit: "Au revoir".

EXERCICE 2:

*Complétez les phrases:*

1. Nous devons partir tout de suite. Tu es _____, j'espère.
2. Il y a de gros _____ noirs. Il va pleuvoir, je crois.
3. Si tu n'as pas d'auto, vas-y _____.
4. Je peux faire des réparations à votre auto. Je suis un _____.
5. Je ne me suis pas réveillé(e). Mon _____ n'a pas sonné.
6. Le _____ français est bleu, blanc et rouge.
7. Si tu as froid, achète un _____.
8. J'ai trop mangé. J'ai mal au _____.
9. Demain, nous n'allons pas à l'école parce que _____.
10. A Ottawa, il y a 300,000 _____.
11. L'étage au-dessous du rez-de-chaussée s'appelle _____.
12. D'habitude, le foyer est dans la _____.
13. Le frère de mon père est _____.
14. On mange des pommes de terre avec une _____.
15. On boit du café dans une _____.
16. On boit de l'eau dans un _____.
17. Est-ce que vous _____ le chapeau rouge ou le chapeau bleu?
18. On ne peut pas _____ quand le feu est rouge.
19. J'ai vu un film français et j'ai presque tout _____.
20. Avant jeudi et après mardi, c'est _____.

EXERCICE 3:

*Complétez les dialogues:*

A) Une dame:    _____ ?

   Un monsieur:   Le cinéma Régent? Bien sûr, Madame. Vous prenez la rue Laurier et vous continuez jusqu'à la rue Lebrun.

La dame:      _____ ?
Le monsieur:    Non, c'est près d'ici. En voiture, vous allez y être dans cinq minutes.
La dame:      _____ ?
Le monsieur:    Non, il n'y en a pas mais vous pouvez stationner dans la rue.
La dame:      _____ .
Le monsieur:    Il n'y a pas de quoi, Madame.


B)   Jean:     _____ ?
     Paul:     A sept heures.
     Jean:     _____ ?
     Paul:     Des oeufs et des toasts.
     Jean:     _____ ?
     Paul:     Non, j'y suis allé à pied.
     Jean:     _____ ?
     Paul:     J'ai l'intention d'étudier.
     Jean:     _____ ?
     Paul:     Je te remercie, mais je dois me coucher à onze heures.
     Jean:     _____ .
     Paul:     Au revoir.

# LABORATOIRE

## PHONÉTIQUE
### EXERCICE 1:

*Ex.: 1.* S. *Dites à Jean qu'il peut partir.*
　　　 R. *Tu peux partir.*
　　 *2.* S. *Demandez à Jean s'il peut partir.*
　　　 R. *Tu peux partir?*

1. S. Dites à Jean qu'une moto, ça coûte cher.
　 R. Une moto, ça coûte cher.
2. S. Demandez à Jean si une moto, ça coûte cher.
　 R. Une moto, ça coûte cher?
3. S. Dites à Marie que le professeur est au labo.
　 R. Le professeur est au labo.
4. S. Demandez à Marie si le professeur est au labo.
　 R. Le professeur est au labo?
5. S. Dites-moi que Paul va organiser un party.
　 R. Paul va organiser un party.
6. S. Demandez-moi si Paul va organiser un party.
　 R. Paul va organiser un party?
7. S. Dites-moi qu'aujourd'hui, c'est jeudi.
　 R. Aujourd'hui, c'est jeudi.
8. S. Demandez-moi si aujourd'hui, c'est jeudi.
　 R. Aujourd'hui, c'est jeudi?

### EXERCICE 2:
*Écoutez, puis répétez:*

1. Prends le bateau.　　　/ Prends-le.
2. Fais le travail.　　　　/ Fais-le.
3. Attends le garçon.　　　/ Attends-le.
4. Achetons le stylo.　　　/ Achetons-le.
5. Écoutons le professeur.　/ Écoutons-le.

### EXERCICE 3:
*Écoutez, puis répétez:*

1. Tu le prends.　　/ Prends-le.
2. Tu le fais.　　　/ Fais-le.
3. Tu l'écoutes.　　/ Écoute-le.
4. Tu le regardes.　/ Regarde-le.
5. Tu l'achètes.　　/ Achète-le.

### EXERCICE 4:
*Répétez:*

1. Prends-le.　/ Prends-les.
2. Dis-le.　　 / Dis-les.
3. Mange-le.　 / Mange-les.
4. Lis-le.　　 / Lis-les.
5. Écris-le.　 / Écris-les.

### EXERCICE 5:
*Répétez:*

1. Prends des livres.　/ Prends-en.

2.  Achète des stylos.        / Achètes-en.
3.  Écoute de la musique.     / Écoutes-en.
4.  Regarde des autos.        / Regardes-en.
5.  Va à Montréal.            / Vas-y.

# EXERCICES STRUCTURAUX

## EXERCICE 1:

*Ex.: S. Demandez à Paul s'il a fini son travail.*
*R. Est-ce que tu as fini ton travail?*

1.  S. Demandez-lui ce qu'il a fait hier soir.
    R. Qu'est-ce que tu as fait hier soir?
2.  S. Demandez-lui à quelle heure il doit partir.
    R. A quelle heure est-ce que tu dois partir?
3.  S. Demandez-lui pourquoi il arrive en retard.
    R. Pourquoi est-ce que tu arrives en retard?
4.  S. Demandez-lui s'il a compris le film.
    R. Est-ce que tu as compris le film?
5.  S. Demandez-lui quand il va organiser un party.
    R. Quand est-ce que tu vas organiser un party?
6.  S. Demandez-lui où il a acheté sa moto.
    R. Où est-ce que tu as acheté ta moto?
7.  S. Demandez-lui s'il croit que le professeur peut chanter.
    R. Est-ce que tu crois que le professeur peut chanter?
8.  S. Demandez-lui ce qu'il a visité à Québec.
    R. Qu'est-ce que tu as visité à Québec?

## EXERCICE 2:

*Ex.: 1. S. Dites à Nicole de se dépêcher.*
*      R. Nicole, dépêche-toi.*
*   2. S. Dites-lui ce que vous avez mangé hier soir.*
*      I. du rôti*
*      R. J'ai mangé du rôti hier soir.*

1.  S. Dites-lui que le film commence à sept heures.
    R. Le film commence à sept heures.
2.  S. Dites-lui quand votre oncle va arriver.
    I. la semaine prochaine
    R. Mon oncle va arriver la semaine prochaine.
3.  S. Dites-lui où vous êtes allé(e) hier soir.
    I. au gymnase
    R. Je suis allé(e) au gymnase hier soir.
4.  S. Dites-lui de se reposer un peu.
    R. Repose-toi un peu.
5.  S. Dites-lui ce que vous allez regarder ce soir.
    I. un bon film
    R. Je vais regarder un bon film ce soir.
6.  S. Dites-lui pourquoi vous ne pouvez pas aller au cinéma.
    I. mal à la tête
    R. Je ne peux pas aller au cinéma parce que j'ai mal à la tête.
7.  S. Dites-lui que vous croyez qu'il va pleuvoir.
    R. Je crois qu'il va pleuvoir.

EXERCICE 3:

Ex.: S. *Savez-vous où est la cafétéria?*
  I. *mon livre*
  R. *Savez-vous où est mon livre?*

1.  I.  l'aéroport                     R.  Savez-vous où est l'aéroport?
2.  I.  le stylo de Paul               R.  Savez-vous où est le stylo de Paul?
3.  I.  le party                       R.  Savez-vous où est le party?
4.  I.  le pique-nique                 R.  Savez-vous où est le pique-nique?
5.  I.  le bureau de poste             R.  Savez-vous où est le bureau de poste?

EXERCICE 4:

Ex.: S. *Sais-tu où est Québec?*
  I. *moi*
  R. *Savez-vous où est Québec?*

1.  I.  vous et moi                    R.  Savons-nous où est Québec?
2.  I.  Françoise et Louise            R.  Savent-elles où est Québec?
3.  I.  moi, Jacques                   R.  Sais-tu où est Québec?
4.  I.  Robert                         R.  Sait-il où est Québec?
5.  I.  moi                            R.  Savez-vous où est Québec?

EXERCICE 5:

Ex.: S. *Pourquoi est-ce qu'il se dépêche?*
  R. *Sais-tu pourquoi il se dépêche?*

1.  S.  Quand est-ce que le train va arriver?
    R.  Sais-tu quand le train va arriver?
2.  S.  Où est-ce que le mécanicien travaille?
    R.  Sais-tu où le mécanicien travaille?
3.  S.  A quelle heure est-ce que le cours finit?
    R.  Sais-tu à quelle heure le cours finit?
4.  S.  Pourquoi est-ce que Gilles n'est pas prêt?
    R.  Sais-tu pourquoi Gilles n'est pas prêt?
5.  S.  Comment est-ce qu'on mange du spaghetti?
    R.  Sais-tu comment on mange du spaghetti?
6.  S.  Où est-ce que Marie a l'intention d'aller?
    R.  Sais-tu où Marie a l'intention d'aller?

EXERCICE 6:

Ex.: S. *Jacques se lève à huit heures.*
  R. *Sais-tu à quelle heure Jacques se lève?*

1.  S.  Robert est allé au cinéma.
    R.  Sais-tu où Robert est allé?
2.  S.  Le printemps commence au mois de mars.
    R.  Sais-tu quand le printemps commence?
3.  S.  Il se repose parce qu'il a trop travaillé.
    R.  Sais-tu pourquoi il se repose?
4.  S.  Les étudiants vont arriver à huit heures.
    R.  Sais-tu à quelle heure les étudiants vont arriver?
5.  S.  Il va à Paris en avion.
    R.  Sais-tu comment il va à Paris?

**EXERCICE 7:**

*Ex.: S. Vous ne savez pas où est le stade. Demandez-le à mademoiselle Richard.*
      *R. Pardon, Mademoiselle, savez-vous où est le stade?*
1.    S. Vous ne savez pas pourquoi il y a du bruit dans le bureau. Demandez-le à monsieur Panet.
      R. Pardon, Monsieur, savez-vous pourquoi il y a du bruit dans le bureau?
2.    S. Vous ne savez pas à quelle heure le cours de français commence. Demandez-le à madame Labelle.
      R. Pardon, Madame, savez-vous à quelle heure le cours de français commence?
3.    S. Vous ne savez pas quand vous devez finir votre travail. Demandez-le à mademoiselle Tremblay.
      R. Pardon, Mademoiselle, savez-vous quand je dois finir mon travail?
4.    S. Vous ne savez pas où Nicole étudie. Demandez-le à monsieur Dumas.
      R. Pardon, Monsieur, savez-vous où Nicole étudie?

**EXERCICE 8:**

*Ex.: S. Guy veut chanter.*
      *R. Oui, mais est-ce qu'il sait chanter?*
1.    S. Je veux jouer aux échecs.
      R. Oui, mais est-ce que vous savez jouer aux échecs?
2.    S. Moi, Paul, je veux conduire une moto.
      R. Oui, mais est-ce que tu sais conduire une moto?
3.    S. Micheline veut jouer de la guitare.
      R. Oui, mais est-ce qu'elle sait jouer de la guitare?
4.    S. Je veux jouer au bridge.
      R. Oui, mais est-ce que vous savez jouer au bridge?
5.    S. Moi, Bill, je veux danser avec Micheline.
      R. Oui, mais est-ce que tu sais danser?

**EXERCICE 9:**

*Ex.: S. Est-ce que Guy va danser?*
      *R. Non, il ne sait pas danser.*
1.    S. Est-ce que Maurice va conduire?
      R. Non, il ne sait pas conduire.
2.    S. Est-ce que Marie va jouer aux échecs?
      R. Non, elle ne sait pas jouer aux échecs.
3.    S. Est-ce que vous allez nager?
      R. Non, je ne sais pas nager.
4.    S. Moi, Pierre, est-ce que je vais chanter?
      R. Non, tu ne sais pas chanter.
5.    S. Est-ce que Robert va écrire à son père?
      R. Non, il ne sait pas écrire.

**EXERCICE 10:**

*Ex.: S. Tu me regardes.*          *R. Regarde-moi.*
1.    S. Tu m'écoutes.              R. Écoute-moi.
2.    S. Tu m'attends.             R. Attends-moi.
3.    S. Tu me parles.             R. Parle-moi.
4.    S. Tu me téléphones.         R. Téléphone-moi.
5.    S. Tu m'écris.               R. Écris-moi.

EXERCICE 11:

*Ex.: S. Regarde-moi.*                          R. *Ne me regarde pas.*
1.  S. Écoute-moi.                              R. Ne m'écoute pas.
2.  S. Attends-moi.                             R. Ne m'attends pas.
3.  S. Parle-moi.                               R. Ne me parle pas.
4.  S. Téléphone-moi.                           R. Ne me téléphone pas.
5.  S. Écris-moi.                               R. Ne m'écris pas.

EXERCICE 12:

*Ex.: S. Prends le stylo.*          $R_1$. *Prends-le.*          $R_2$. *Ne le prends pas.*
1.  S. Regardons la télévision.     $R_1$. Regardons-la.        $R_2$. Ne la regardons pas.
2.  S. Achetez les souliers.        $R_1$. Achetez-les.         $R_2$. Ne les achetez pas.
3.  S. Fais le travail.             $R_1$. Fais-le.             $R_2$. Ne le fais pas.
4.  S. Écoutons la musique.         $R_1$. Écoutons-la.         $R_2$. Ne l'écoutons pas.
5.  S. Prends le train.             $R_1$. Prends-le.           $R_2$. Ne le prends pas.

EXERCICE 13:

*Ex.: S. Je vais vous téléphoner.*              $R_1$. *Oui, téléphonez-moi.*
                                                $R_2$. *Non, ne me téléphonez pas.*
1.  S. Je vais parler au directeur.             $R_1$. Oui, parlez-lui.
                                                $R_2$. Non, ne lui parlez pas.
2.  S. Je vais écrire à Jean et à Paul.         $R_1$. Oui, écrivez-leur.
                                                $R_2$. Non, ne leur écrivez pas.
3.  S. Je vais vous écrire.                     $R_1$. Oui, écrivez-moi.
                                                $R_2$. Non, ne m'écrivez pas.
4.  S. Je vais parler à Jacqueline.             $R_1$. Oui, parlez-lui.
                                                $R_2$. Non, ne lui parlez pas.
5.  S. Je vais vous téléphoner, à vous et à Paul. $R_1$. Oui, téléphonez-nous.
                                                $R_2$. Non, ne nous téléphonez pas.

EXERCICE 14:

*Ex.: S. Moi, Guy, je peux acheter des disques?*
*$R_1$. Oui, achètes-en.*                       $R_2$. *Non n'en achète pas.*
1.  S. Moi, Paul, je peux prendre du café?
    $R_1$. Oui, prends-en.                       $R_2$. Non n'en prends pas.
2.  S. Moi, Monique, je peux prendre du lait?
    $R_1$. Oui, prends-en.                       $R_2$. Non n'en prends pas.
3.  S. Moi, Nicole, je peux regarder des films?
    $R_1$. Oui, regardes-en.                     $R_2$. Non, n'en regarde pas.
4.  S. Moi, Bill, je peux acheter des montres?
    $R_1$. Oui, achètes-en.                      $R_2$. Non, n'en achète pas.
5.  S. Moi, Marie, je peux écouter de la musique?
    $R_1$. Oui, écoutes-en.                      $R_2$. Non, n'en écoute pas.

EXERCICE 15:

*Ex.: S. Vous et moi, quand est-ce que nous allons prendre le train?*
    *R. Prenons-le tout de suite.*
1.  S. Moi, Paul, quand est-ce que je vais finir mon travail?
    R. Finis-le tout de suite.

2.  S. Quand est-ce que je vais écrire à mon frère?
    R. Écrivez-lui tout de suite.
3.  S. Vous et moi, quand est-ce que nous allons manger du spaghetti?
    R. Mangeons-en tout de suite.
4.  S. Moi, Marie, quand est-ce que je vais regarder le film?
    R. Regarde-le tout de suite.
5.  S. Quand est-ce que je vais téléphoner à monsieur et madame Dumas?
    R. Téléphonez-leur tout de suite.
6.  S. Vous et moi, quand est-ce que nous allons acheter du coca-cola?
    R. Achetons-en tout de suite.
7.  S. Moi, Maurice, quand est-ce que je vais vous parler?
    R. Parle-moi tout de suite.
8.  S. Quand est-ce que je vais finir les réparations?
    R. Finissez-les tout de suite.

EXERCICE 16:

Ex.: S. *Vous habitez à Saskatoon?*
   I. *Regina*
   R. *Non, j'habite à Regina.*
1.  S. Marcel habite rue Laurier?
    I. boulevard Notre-Dame
    R. Non, il habite boulevard Notre-Dame.
2.  S. M. et Mme Tremblay habitent à la ville?
    I. la campagne
    R. Non, ils habitent à la campagne.
3.  S. Louise habite 42, rue Lafontaine?
    I. 43, rue Latulipe
    R. Non, elle habite 43, rue Latulipe.
4.  S. Vous habitez dans la grande maison verte?
    I. petite maison rouge
    R. Non, j'habite dans la petite maison rouge.
5.  S. Jacques et François habitent à Détroit?
    I. Chicago
    R. Non, ils habitent à Chicago.
6.  S. Vous et moi, nous habitons dans une grande ville?
    I. petite ville
    R. Non, nous habitons dans une petite ville.

EXERCICE 17:

Ex.: S. *Il habite à Montréal.*
   I. *Toronto*
   R. *Il habite à Toronto.*
1.  I. la campagne     R. Il habite à la campagne.
2.  I. boulevard Laurier     R. Il habite boulevard Laurier.
3.  I. la maison bleue     R. Il habite dans la maison bleue.
4.  I. 15, rue Lafontaine     R. Il habite 15, rue Lafontaine.
5.  I. la ville     R. Il habite à la ville.
6.  I. une grande ville     R. Il habite dans une grande ville.
7.  I. avenue du Parc     R. Il habite avenue du Parc.
8.  I. Montréal     R. Il habite à Montréal.
9.  I. une belle maison     R. Il habite dans une belle maison.

EXERCICE 18:

*Ex.: S.  Hier, je me suis levé(e) à 8 heures.*
     *I.  Et Guy?*
     *R.  Il s'est levé à huit heures.*

1. I. Et moi?      R. Vous vous êtes levé(e) à huit heures.
2. I. Marie et Micheline?      R. Elles se sont levées à huit heures.
3. I. Et vous?      R. Je me suis levé(e) à huit heures.
4. I. Et nous?      R. On s'est levé à huit heures.
5. I. Vous et moi?      R. Nous nous sommes levé(e)s à huit heures.
6. I. Et moi, Jacques?      R. Tu t'es levé à huit heures.
7. I. Et Marie?      R. Elle s'est levée à huit heures.
8. I. Et Gilles?      R. Il s'est levé à huit heures.

EXERCICE 19:

*Ex.: S.  D'habitude, je me couche à minuit.*
     *R.  Hier, je me suis couché à minuit.*

1. S. D'habitude, nous nous reposons après le souper.
   R. Hier, nous nous sommes reposé(e)s après le souper.
2. S. D'habitude, ils s'amusent dans la salle de jeux.
   R. Hier, ils se sont amusés dans la salle de jeux.
3. S. D'habitude, tu te dépêches de partir.
   R. Hier, tu t'es dépêché(e) de partir.
4. S. D'habitude, il se rase dans la salle de bain.
   R. Hier, il s'est rasé dans la salle de bain.
5. S. D'habitude, je me couche à onze heures.
   R. Hier, je me suis couché(e) à onze heures.
6. S. D'habitude, on ne se promène pas dans le parc.
   R. Hier, on ne s'est pas promené dans le parc.
7. S. D'habitude, elle ne se réveille pas à six heures.
   R. Hier, elle ne s'est pas réveillée à six heures.
8. S. D'habitude, vous ne vous lavez pas à sept heures.
   R. Hier, vous ne vous êtes pas lavé(e) à sept heures.

# CONVERSATION

DIALOGUE 1:

Brigitte:  — Allô!
Bernard:  — Allô, Brigitte! Bernard à l'appareil.
Brigitte:  — Bonjour, Bernard.
Bernard:  — Brigitte, qu'est-ce que tu fais, samedi soir?
Brigitte:  — Je ne sais pas. Pourquoi?
Bernard:  — Louis organise un party. Est-ce que tu veux y aller avec moi?
Brigitte:  — D'accord.
Bernard:  — Je vais avoir l'auto de mon père. Je peux être chez toi à huit heures.
Brigitte:  — Est-ce que tu as mon adresse?
Bernard:  — Non, je ne l'ai pas.
Brigitte:  — C'est 548, rue Montferrand.
Bernard:  — Rue Montferrand? Je ne sais pas où c'est.
Brigitte:  — C'est au sud de la ville. Est-ce que tu habites loin de la rue Papineau?
Bernard:  — Non, j'habite tout près.
Brigitte:  — Alors, tu prends la rue Papineau, direction sud. Tu continues jusqu'à la rue Laurier, puis
             tu tournes à droite. Au deuxième feu de circulation, tu tournes à gauche; puis, à la pre-
             mière rue, à droite. J'habite juste à l'angle de la rue Ontario et de la rue Montferrand.
Bernard:  — Ouf! Si je ne suis pas arrivé à dix heures, ne m'attends pas, prends un taxi.
Brigitte:  — Ah, tu vas voir, ce n'est pas difficile.
Bernard:  — Je l'espère. Au revoir, Brigitte.
Brigitte:  — Au revoir, Bernard.

DIALOGUE 2:

Une dame *(en voiture):*  — Pardon, Monsieur, vous savez où est la Place des Arts?
Un monsieur:              — Oui, Madame. Vous allez jusqu'à l'*échangeur.* Puis, vous prenez la direction
                           Parc. Attention, c'est *vers* la gauche! Au premier feu de circulation, vous
                           tournez à gauche; puis à la rue suivante, à droite. Et vous y êtes!
La dame:                  — Il y a un parc de stationnement près de là?
Le monsieur:              — Oui, mais jusqu'à 4 heures; vous pouvez stationner votre voiture dans la
                           rue: devant, derrière ou à côté de la Place.
La dame:                  — Vous croyez?
Le monsieur:              — Je le *pense.*
La dame:                  — Merci, monsieur!

DIALOGUE 3:

— Réveille-toi.
— Je ne peux pas.
— Lève-toi.
— Je ne veux pas.
— Prends du café.
— Je n'en ai pas.
— Achètes-en.
— Je n'ai pas d'argent.
— Demandes-en à ton père.
— Il est à Montréal.
— Vas-y.
— Je n'ai pas d'auto.
— Téléphone-lui.
— Je n'ai pas de téléphone.
— Écris-lui.
— Je n'ai pas de stylo.
— Achètes-en un.
— Je n'ai pas d'argent.
— Travaille.
— Ça m'ennuie.
— Dors.
— Merci.

# PRÉSENTATIONS

## PRÉSENTATION 1A:

Gilles, va jouer dehors!

— Est-ce qu'il y a de la
  neige là-bas?

— Oui, il y en a partout.

## EXERCICES DE RENFORCEMENT

### EXERCICE 1:

| Jacques joue dehors. | |
|---|---|
| travaille | Jacques travaille dehors. |
| mange<br>là-bas<br>dort<br>partout<br>étudie<br>dehors<br>ici<br>joue au tennis | |

### EXERCICE 2:

*Ex.:* S. *Où est-ce que tu as étudié?*      I.   *dehors*
     R. *J'ai étudié dehors.*

1. S. Où est-ce que Paul est allé?     I.   là-bas
2. S. Où est-ce que vous avez travaillé?     I.   partout
3. S. Où est-ce que Jacques a joué au tennis?     I.   dehors
4. S. Où est-ce que tu as stationné?     I.   là-bas
5. S. Où est-ce que Bill a fait du bruit?     I.   partout
6. S. Où est-ce qu'ils ont déjeuné?     I.   dehors
7. S. Où est-ce que Monique a étudié?     I.   ici

EXERCICE 3:

*Ex.: S.  Est-ce que je peux chanter ici?*          *I.  dehors*
*       R.  Non, mais vous pouvez chanter dehors.*

1.   S.  Est-ce que je peux stationner ici?          I.   là-bas
2.   S.  Est-ce qu'il va neiger partout?             I.   ici
3.   S.  Est-ce que vous allez crier dans la maison? I.   dehors
4.   S.  Est-ce que je peux aller partout?           I.   là-bas
5.   S.  Est-ce que je peux jouer dans la maison?    I.   dehors

## EXERCICE DE CONVERSATION

1.   L'été, est-ce que vous aimez ça, manger dehors?
2.   Est-ce que vous êtes allé(e) en Floride? Est-ce qu'il fait beau là-bas, en hiver? Qu'est-ce qu'on peut faire là-bas, en hiver?
3.   A l'école, est-ce qu'on peut chanter partout?
4.   D'habitude, est-ce qu'on fait un pique-nique dans la maison? Où est-ce qu'on peut faire un pique-nique?
5.   En été, au Canada, est-ce qu'on peut jouer au golf partout?
6.   Demandez à un étudiant dans la classe s'il préfère jouer dehors ou dans le gymnase.

# PRÉSENTATION 1B:

Ils n'ont peut-être pas faim.

Il danse mal.

Moi, j'aime surtout les piques-niques mais elle, elle aime plutôt manger au restaurant.

## EXERCICES DE RENFORCEMENT

EXERCICE 1:

| Je travaille mal. | |
| --- | --- |
| conduis | Je conduis mal. |
| moi, Pierre<br>bien<br>danse<br>trop<br>travaille<br>beaucoup<br>un peu<br>mange<br>bien<br>elle<br>se peigne<br>mal | |

EXERCICE 2:

| Nous mangeons des fruits. | |
| --- | --- |
| surtout | Nous mangeons surtout des fruits. |
| achetons<br>plutôt<br>surtout<br>ils<br>veulent<br>peut-être<br>vendent<br>surtout<br>plutôt<br>prennent<br>peut-être | |

EXERCICE 3:

Ex.: *S. Elle veut partir.*                              *I.   peut-être*
     *R. Elle veut peut-être partir.*
1.   S.  Il doit étudier.                                 I.   plutôt
2.   S.  Elles veulent téléphoner.                        I.   surtout
3.   S.  Il préfère jouer aux cartes.                     I.   peut-être
4.   S.  Elles aiment danser.                             I.   surtout
5.   S.  Il va neiger.                                    I.   plutôt
6.   S.  Ils doivent travailler.                          I.   bien

EXERCICE 4:

| | | | | |
|---|---|---|---|---|
| *Ex.:* | *S.* | *Il a écrit à ses parents.* | *I.* | *peut-être* |
| | *R.* | *Il a peut-être écrit à ses parents.* | | |
| 1. | S. | Il a acheté une moto. | I. | plutôt |
| 2. | S. | J'ai étudié le français. | I. | surtout |
| 3. | S. | Ils ont fait un pique-nique. | I. | peut-être |
| 4. | S. | J'ai dormi toute la soirée. | I. | bien |
| 5. | S. | Il a joué de la guitare. | I. | mal |
| 6. | S. | Ils sont partis à midi. | I. | peut-être |
| 7. | S. | Vous avez mangé hier soir. | I. | trop |

# PRÉSENTATION 1C:

Il va bientôt arriver.

Tu crois qu'il va encore pleuvoir?

## EXERCICES DE RENFORCEMENT

EXERCICE 1:

| | | | | |
|---|---|---|---|---|
| *Ex.:* | *S.* | *Est-ce que vous allez travailler au bureau?* | *I.* | *non, rarement* |
| | *R.* | *Non, je vais rarement travailler au bureau.* | | |
| 1. | S. | Est-ce que Maurice va manger au restaurant? | I. | oui, toujours |
| 2. | S. | Est-ce que je dois stationner dans la rue? | I. | oui, parfois |
| 3. | S. | Est-ce que je peux dormir au labo? | I. | non, jamais |
| 4. | S. | Est-ce que Nicole veut prendre du café? | I. | oui, encore |
| 5. | S. | Est-ce que vous allez visiter les musées? | I. | oui, souvent |
| 6. | S. | Est-ce qu'ils peuvent boire du vin? | I. | non, rarement |
| 7. | S. | Est-ce que vous devez partir? | I. | oui, bientôt |
| 8. | S. | Est-ce qu'elle veut acheter un chapeau? | I. | oui, quelquefois |
| 9. | S. | Est-ce que Jacqueline veut danser? | I. | oui, encore |

EXERCICE 2:

| | | | | |
|---|---|---|---|---|
| *Ex.:* | *1.* | *S.* *Qu'est-ce que vous avez fait hier soir?* | *I.* | *travailler* |
| | | *R.* *Hier soir, j'ai travaillé.* | | |
| | *2.* | *S.* *Quand est-ce que vous allez travailler?* | *I.* | *ce soir* |
| | | *R.* *Je vais travailler ce soir.* | | |
| 1. | | S. Qu'est-ce que tu as fait avant-hier? | I. | faire de la natation |
| 2. | | S. Quand est-ce que tu vas faire une promenade? | I. | demain matin |
| 3. | | S. Qu'est-ce que Micheline fait aujourd'hui? | I. | se reposer |
| 4. | | S. Quand est-ce que tu vas finir ton travail? | I. | tout à l'heure |
| 5. | | S. Qu'est-ce que monsieur Tremblay va faire ce soir? | I. | écouter de la musique |
| 6. | | S. Quand est-ce que vous pouvez partir? | I. | tout de suite |

## EXERCICE 3:

*Ex.:* S.  *Mon père arrive.*              l.  *aujourd'hui*

      R.  *Mon père arrive aujourd'hui.*

| | | |
|---|---|---|
| 1. | S. Nous allons prendre l'autobus. | l. plutôt |
| 2. | S. Ils vont travailler. | l. dehors |
| 3. | S. Ils sont partis. | l. peut-être |
| 4. | S. Ils sont arrivés. | l. hier |
| 5. | S. Jacques fait de la natation. | l. là-bas |
| 6. | S. Il va jouer au tennis. | l. surtout |
| 7. | S. Il va faire une promenade. | l. tout à l'heure |
| 8. | S. Nous avons visité Montréal. | l. souvent |
| 9. | S. Jacques et Nicole vont faire du ski. | l. peut-être |
| 10. | S. Ils vont faire une promenade. | l. demain |
| 11. | S. Il est malade parce qu'il a mangé. | l. trop |
| 12. | S. Nous avons aimé le film. | l. beaucoup |
| 13. | S. Maurice est en retard. | l. toujours |
| 14. | S. J'aime jouer aux échecs. | l. surtout |
| 15. | S. Au Canada, nous pouvons jouer au golf. | l. partout |
| 16. | S. Ils vont manger au restaurant. | l. rarement |
| 17. | S. Nous allons habiter à Québec. | l. bientôt |
| 18. | S. Il a organisé un party. | l. avant-hier |
| 19. | S. Vous ne pouvez pas jouer au football. | l. là-bas |
| 20. | S. Je dois écrire à mon père. | l. encore |

## EXERCICE 4:

*Complétez avec l'adverbe approprié.*

1. D'habitude, le dimanche, nous faisons une promenade en auto. _____ nous faisons un pique-nique.
2. Ce soir, je ne sais pas ce que je vais faire. Je vais _____ regarder la télévision.
3. — Allons du côté de Magog.

   — Non, allons _____ du côté de Val-David.
4. J'aime jouer aux cartes mais j'aime _____ jouer aux échecs.
5. Hier, il a neigé, aujourd'hui, il a neigé et demain, je crois qu'il va _____ neiger.
6. Aujourd'hui, il fait beau. Ne restez pas dans la maison. Allez jouer _____.
7. C'est novembre. Il fait froid. L'hiver va _____ commencer.
8. — Est-ce que tu regardes souvent le hockey à la télévision?

   — Non, je le regarde _____.
9. Mon petit frère a mangé du chocolat et maintenant, il y en a _____: sur le mur, sur les chaises, sur les fenêtres...
10. Tu fais de la natation quelquefois? Non, je ne fais _____ de natation parce que je ne sais pas nager.

## GRAMMAIRE: la place de l'adverbe — règles générales

| | | AVEC UN VERBE SIMPLE | | AVEC UN VERBE COMPOSÉ | | |
|---|---|---|---|---|---|---|
| LIEU | Il travaille | | dehors.<br>partout.<br>là-bas.<br>ici.<br>là. | Il va travailler<br>Il a travaillé | | dehors.<br>partout.<br>là-bas.<br>ici.<br>là. |
| MANIÈRE<br>DOUTE<br>QUANTITÉ | Il chante | | bien.<br>mal.<br>plutôt.<br>surtout.<br>peut-être.<br>beaucoup.<br>trop.<br>un peu. | Il va<br><br><br>Il a | bien<br>mal<br>plutôt<br>surtout<br>peut-être<br>beaucoup<br>trop<br>un peu | chanter.<br><br><br>chanté. |
| TEMPS | A.<br>Il étudie | | parfois.<br>souvent.<br>quelquefois.<br>rarement.<br>toujours.<br>bientôt.<br>encore. | Il va<br><br><br>Il a | parfois<br>souvent<br>quelquefois<br>rarement<br>toujours<br>bientôt<br>encore | étudier.<br><br><br>étudié. |
| | B.<br>Il part | | aujourd'hui.<br>demain.<br>tout de suite.<br>tout à l'heure. | (Aujourd'hui)<br>(Demain)<br><br><br>(Hier) | il va partir<br><br>Il va partir<br><br>il est parti | (aujourd'hui)<br>(demain)<br>tout de suite.<br>tout à l'heure.<br>(hier) |

## EXERCICE DE CONVERSATION

1. Est-ce que vous allez souvent danser?
2. Est-ce que vous avez quelquefois dormi dans la salle de classe?
3. Est-ce qu'il a souvent neigé l'hiver passé?
4. Vous avez mangé ce matin et à midi. Est-ce que vous allez encore manger ce soir?
5. Est-ce qu'il va faire beau demain?
6. Est-ce que vous allez étudier ce soir? Vous allez peut-être regarder la télévision?
7. Dites à votre ami que vous ne pouvez pas prendre le train.
   Maintenant, dites-lui que vous allez plutôt prendre l'autobus.
8. Dites à votre ami que vous ne voulez pas aller à Québec.
   Maintenant, dites-lui que vous voulez plutôt aller à Montréal.
9. Le samedi, qu'est-ce que vous aimez surtout faire? Et le dimanche? Et à un party?
10. Est-ce que vous avez mal mangé hier soir?
11. Est-ce que la classe de français va bientôt finir?

# PRÉSENTATION 2:

— Est-ce que ta femme est à la maison?

— Oui, elle vient d'arriver.

## EXERCICES DE RENFORCEMENT

EXERCICE 1:

| Est-ce que Claude est parti? | Oui, il vient de partir. |
|---|---|
| Est-ce que Jean et Paul sont arrivés?<br>Est-ce que Jacqueline a téléphoné?<br>Est-ce que Jacques est parti?<br>Est-ce que vos amis ont mangé?<br>Est-ce que Marie est sortie?<br>Est-ce que tu as fini?<br>Est-ce que le directeur a écrit?<br>Est-ce que Paul a chanté? | |

EXERCICE 2:

| parti | 2 semaines | Il est parti il y a deux semaines. |
|---|---|---|
| parti | 10 minutes | Il vient de partir. |
| mangé<br>arrivé<br>venu<br>compris<br>chanté<br>écrit<br>crié | 5 minutes<br>15 jours<br>1 an<br>un instant<br>10 minutes<br>1 mois<br>1 minute | |

EXERCICE 3:

Qu'est-ce qu'ils viennent de faire?

## PHONÉTIQUE

### EXERCICE 1:

*Répétez:*

1.  Il vient de manger.
2.  Il vient de neiger.
3.  Il vient de boire.
4.  Il vient de lire.

5.  Il vient de jouer.
6.  Il vient de danser.
7.  Il vient de déjeuner.
8.  Il vient de dîner.

### EXERCICE 2:

*Répétez:*

1.  Elle vient de chanter.
2.  Elle vient de partir.
3.  Elle vient de finir.
4.  Elle vient de souper.
5.  Elle vient de se lever.
6.  Elle vient de comprendre.
7.  Elle vient de s'endormir.
8.  Elle vient de s'asseoir.
9.  Elle vient de téléphoner.

**EXERCICES DE CONVERSATION**

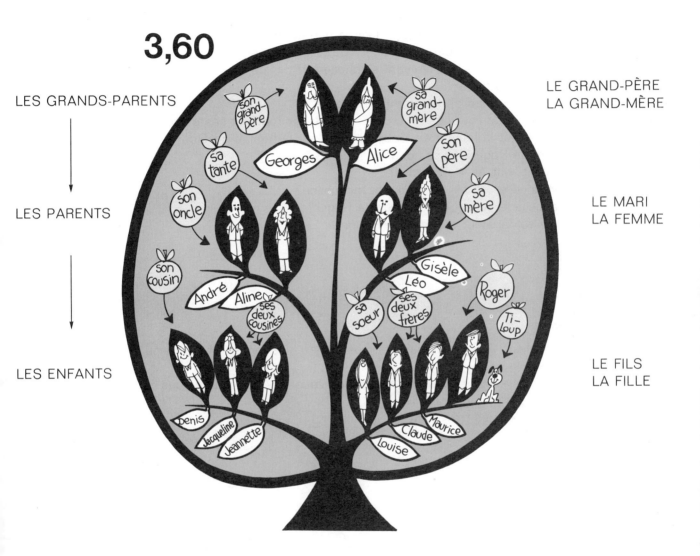

**3,60**

LES GRANDS-PARENTS

LES PARENTS

LES ENFANTS

LE GRAND-PÈRE
LA GRAND-MÈRE

LE MARI
LA FEMME

LE FILS
LA FILLE

Dans la parenté de Roger, il y a son père, sa mère, ses deux frères et sa soeur. Il y a aussi son grand-père et sa grand-mère, son oncle et sa tante, ses deux cousines et son cousin. Roger a un petit chien. Il s'appelle Ti-Loup.

Le grand frère de Roger s'appelle Claude. Son petit frère s'appelle Maurice. Ils sont étudiants. Sa soeur s'appelle Louise. Elle est secrétaire. Son père est électricien. Il s'appelle Léo. Sa mère s'appelle Gisèle.

Son grand-père s'appelle Georges et sa grand-mère, Alice. Ils sont vieux. Son oncle André est policier. C'est le mari d'Aline. Ils ont trois enfants: un fils, Denis, et deux filles, Jacqueline et Jeannette. Denis est le cousin de Roger. Jacqueline et Jeannette sont ses cousines. Eux aussi, ils sont étudiants.

EXERCICE 1:

*Répondez aux questions suivantes:*

1. Combien de personnes est-ce qu'il y a dans la parenté de Roger?
2. Comment s'appelle le grand-père de Roger? Et sa grand-mère?
3. Qu'est-ce que son oncle fait? Comment s'appelle-t-il?
4. Comment s'appelle sa tante?
5. Comment s'appelle le mari de la tante de Roger?
6. Qu'est-ce que les deux cousines et le cousin de Roger font? Et ses deux frères?
7. Est-ce que Gisèle est la femme de Georges? Qui est la femme de Georges?
8. Que fait le père de Roger? Et sa soeur?
9. Combien d'enfants ont Aline et André?
10. Est-ce que Maurice est le fils de Denis et Jacqueline?
11. Comment s'appelle le cousin de la soeur de Roger?
12. Est-ce qu'Aline est la soeur du père de Roger?

EXERCICE 2:

*Décrivez votre parenté.*

1. Comment s'appellent vos grands-parents, vos oncles, vos tantes, vos cousins, vos cousines?
2. Où habitent-ils?
3. Quel âge ont-ils? Est-ce que vous allez les voir quelquefois? Est-ce que vous leur écrivez parfois?
4. Est-ce que votre grand-père travaille?
5. Où est-ce que vos oncles travaillent?
    etc.

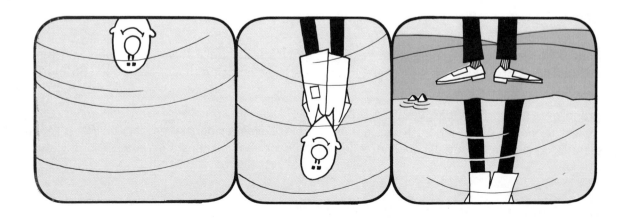

## PRÉSENTATION 3A:

Les oeufs, ce n'est pas toujours bon pour la santé.

Il est malade.

## EXERCICES DE RENFORCEMENT

### EXERCICE 1:

Dites pour quelle ville ils partent.

EXERCICE 2:

| Tu dois faire ça pour demain. | |
|---|---|
| vendredi | Tu dois faire ça pour vendredi. |
| l'hiver prochain<br>la semaine prochaine<br>demain matin<br>l'année prochaine<br>ce soir<br>l'automne prochain<br>samedi | |

EXERCICE 3:

| Le lait, c'est bon pour la santé. | |
|---|---|
| vous | Le lait, c'est bon pour moi. |
| les fruits<br>vous et moi<br>pour la santé<br>les légumes<br>les oeufs<br>moi<br>la laitue<br>les pommes | |

## PHONÉTIQUE

EXERCICE 1:

*Répétez:*

1.  C'est pour moi.
2.  C'est pour toi.
3.  C'est pour Louise.
4.  C'est pour François.

5.  C'est pour Détroit.
6.  C'est pour trois heures.
7.  C'est pour la soirée.
8.  C'est pour le foyer.

EXERCICE 2:

*Répétez:*

1.  C'est pour lui.
2.  C'est pour juillet.
3.  C'est pour aujourd'hui.
4.  C'est pour minuit.

5.  C'est pour huit heures.
6.  C'est pour le bruit.
7.  C'est pour la cuisine.
8.  C'est pour la pluie.

# PRÉSENTATION 3B:

Il veut de l'argent pour aller au cinéma.

## EXERCICES DE RENFORCEMENT

### EXERCICE 1:

*Ex.:*  *S.  Pourquoi est-ce que tu vas au magasin?*                     *I.  acheter du lait*
        *R.  Je vais au magasin pour acheter du lait.*
1.  S.  Pourquoi est-ce que tu veux un taxi?                 I.  aller au bureau
2.  S.  Pourquoi est-ce que Bill veut de l'argent?          I.  acheter une auto
3.  S.  Pourquoi est-ce que tu te lèves à sept heures?      I.  étudier le français
4.  S.  Pourquoi est-ce que vous allez au stade?            I.  voir la partie de football
5.  S.  Pourquoi est-ce que tu veux du pain?                I.  faire un sandwich
6.  S.  Pourquoi est-ce que tu tournes à gauche?            I.  aller au bureau de poste
7.  S.  Pourquoi est-ce que tu te dépêches?                 I.  arriver au cinéma à six heures

### EXERCICE 2:

*Ex.:*  *S.  Pourquoi est-ce qu'on a des fourchettes?*   *R.  On a des fourchettes pour manger.*
1.  Pourquoi est-ce qu'on a des chaises?            6.  Pourquoi est-ce qu'on a des stylos?
2.  Pourquoi est-ce qu'on a des lunettes?           7.  Pourquoi est-ce qu'on a des montres?
3.  Pourquoi est-ce qu'on a des verres?             8.  Pourquoi est-ce qu'on va à l'école?
4.  Pourquoi est-ce qu'on a des tourne-disques?     9.  Pourquoi est-ce qu'on va au cinéma?
5.  Pourquoi est-ce qu'on se couche?              10.  Pourquoi est-ce qu'on va à l'épicerie?

## EXERCICE DE CONVERSATION

*Répondez aux questions suivantes:*

1.  Est-ce que le sport est bon pour la santé?
2.  Le matin, est-ce que vous devez être à l'école pour huit heures?
3.  Est-ce que vous avez un **peigne** pour vous peigner?
4.  Est-ce que vous prenez l'autobus pour venir à l'école?
5.  Est-ce que le **chocolat** est bon pour vous?
6.  Est-ce que votre famille part pour la campagne le vendredi?
7.  Est-ce que vous allez au parc, quelquefois, pour jouer au baseball?
8.  Est-ce que vous devez faire un travail pour demain?
9.  Le soir, est-ce que vous devez être à la maison pour minuit?
10.  Est-ce que vous partez pour la maison à quatre heures?

## PRÉSENTATION 4A:

Il ne peut plus se peigner.

## EXERCICES DE RENFORCEMENT

### EXERCICE 1:

*Ex.:  S.  Est-ce que j'étudie encore le français?*
*R.  Non, vous n'étudiez plus le français.*

1.  Est-ce que vous arrivez encore en retard le matin?
2.  Est-ce que Jacques se couche encore à minuit?
3.  Est-ce que les Tremblay soupent encore à sept heures?
4.  Est-ce que vous avez encore soif?
5.  Est-ce que Jacqueline s'ennuie encore à la maison?
6.  Est-ce que Bill écrit encore à son oncle?
7.  Est-ce que vous vous promenez encore le dimanche?
8.  Est-ce qu'Aline et André visitent encore les musées?

### EXERCICE 2:

| Vous ne conduisez pas? | Non, je ne conduis plus. |
| --- | --- |
| danser<br>chanter<br>jouer<br>lire<br>crier<br>partir<br>étudier<br>travailler | |

# PRÉSENTATION 4B:

Il n'a plus de lait.

Il n'a plus d'argent.

## EXERCICE DE RENFORCEMENT

| Il a encore des oranges? | Non, il n'a plus d'oranges. |
|---|---|
| des pommes<br>des oeufs<br>des concombres<br>de la moutarde<br>du lait<br>des aliments<br>de la viande<br>du spaghetti<br>du fromage<br>des oranges<br>de la confiture<br>du beurre | |

## GRAMMAIRE: ne ... pas/ne ... plus

Les formes négatives ''ne ... pas'' et ''ne ... plus'' fonctionnent exactement de la même façon.

| NE ... PAS | NE ... PLUS |
|---|---|
| Il ne mange pas.<br>Il n'a pas neigé.<br>Il ne veut pas partir.<br>Il n'a pas de disques.<br>Il n'a pas d' assiettes. | Il ne mange plus.<br>Il n'a plus neigé.<br>Il ne veut plus partir.<br>Il n'a plus de disques.<br>Il n'a plus d' assiettes. |

## EXERCICES DE CONVERSATION

EXERCICE 1:

*Répondez aux questions suivantes:*

1. Est-ce que vous avez encore huit ans?
2. Est-ce qu'il y a encore des étudiants à la cafétéria?
3. Est-ce qu'il fait encore soleil à minuit?
4. Est-ce que vous avez encore faim après votre déjeuner?
5. Est-ce que votre père est encore à la maison?
6. Est-ce qu'il y a encore des livres sur votre bureau?
7. Est-ce qu'il fait encore chaud en décembre?
8. Est-ce que votre mère vous réveille encore le matin?
9. Est-ce que le cours de français est encore difficile pour vous?
10. Est-ce qu'il y a encore de la neige au mois d'avril?

EXERCICE 2:

| | |
|---|---|
| Le **Fleuriste:** | — Bonjour, Madame. Mademoiselle Aline Dubois, c'est ici? |
| La Mère: | — Oui, Monsieur. |
| Le Fleuriste: | — **Voici** des **fleurs** pour elle. |
| La Mère: | — Merci, Monsieur. |

| | |
|---|---|
| La Mère: | — Aline, voici des fleurs pour toi. |
| Aline: | — Pour moi? |
| La Mère: | — Oui, pour toi. |
| Aline: | — Qui les **envoie**? |
| La Mère: | — C'est Alain. |

*(Plus tard ...)*

| | |
|---|---|
| Aline: | — **Pauvre** Alain! Je l'aime un peu mais j'aime surtout ses fleurs. |
| Louise: | — Ne dis pas ça! Alain est un garçon très **gentil.** |
| La Mère: | — **Chut!** Parlez moins fort. Alain est juste à côté. |

*(Plus tard ...)*

| | |
|---|---|
| La Mère: | — Alain vient encore d'envoyer des fleurs. |
| Aline: | — Vous voyez? Il est peut-être gentil, mais il n'est pas très **intelligent**: deux **fois** des fleurs le **même** jour... |
| La Mère: | — Mais, Aline, les fleurs, ce n'est plus pour toi; c'est pour Louise! |

*Répondez aux questions suivantes:*

1. Qu'est-ce qu'Alain envoie à Aline?
2. A qui est-ce qu'Alain envoie des fleurs la première fois?
3. A quelle heure est-ce que les premières fleurs arrivent?
4. Est-ce qu'Aline aime beaucoup Alain?
5. Qu'est-ce qu'Aline aime surtout?
6. Est-ce que vous croyez que Louise aime Alain?
7. A quelle heure Alain est-il chez les Dubois?
8. Est-ce qu'Aline et Louise ont vu Alain?
9. Et Alain, est-ce qu'il a écouté près de la porte?
10. Est-ce que les deuxièmes fleurs sont encore pour Aline?

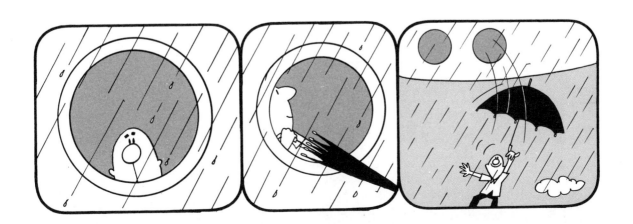

## PRÉSENTATION 5A:

C'est elle qui a mal aux dents.

C'est Gisèle qui chante.

C'est la radio qui joue.

## EXERCICES DE RENFORCEMENT

### EXERCICE 1:

*Ex.: S. C'est le tourne-disque ou la radio qui joue?*
  *R. C'est le tourne-disque qui joue.*     *I. le tourne-disque*

1. S. C'est un cours de français ou d'anglais qui commence?  I. de français
2. S. C'est un match de baseball ou de football qui finit?  I. de football
3. S. C'est l'auto de M. Dumas ou de M. Beaupré qui coûte très cher? I. de M. Beaupré
4. S. C'est un restaurant français ou italien qui est près de l'école? I. français
5. S. C'est l'autobus ou le train qui part à quatre heures?  I. le train
6. S. C'est un film français ou américain qui *passe* au cinéma Rex? I. américain

### EXERCICE 2:

*Ex.: S. Qui est-ce qui se promène toujours le dimanche? Paul ou Guy?*
   *I. Paul*
   *R. C'est Paul qui se promène toujours le dimanche.*
1. S. Qui est-ce qui joue souvent au badminton? Nicole ou Micheline?
  I. Micheline.
2. S. Qui est-ce qui organise un party samedi soir? Jacques ou Pierre?
  I. Pierre
3. S. Qui est-ce qui doit venir demain? Votre oncle ou votre grand-père?
  I. mon oncle
4. S. Qui est-ce qui arrive toujours en retard? Marcel ou Denis?
  I. Denis
5. S. Qui est-ce qui parle toujours fort? Louise ou Jacqueline?
  I. Louise
6. S. Qui est-ce qui soupe au restaurant le dimanche soir? Les Tremblay ou les Demers?
  I. les Tremblay
7. S. Qui est-ce qui se peigne mal quelquefois? Gisèle ou Micheline?
  I. Micheline

## PRÉSENTATION 5B:

C'est Lise que Robert aime.

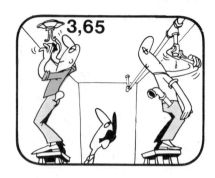

C'est l'électricien que Jacques regarde.

## EXERCICES DE RENFORCEMENT

EXERCICE 1:

| C'est le tennis que Micheline préfère. | |
|---|---|
| aime | C'est le tennis que Micheline aime. |
| la robe courte<br>regarde<br>la partie d'échecs<br>la voiture sport<br>préfère | |

EXERCICE 2:

*Ex.: S. Qu'est-ce que vous préférez? Le thé ou le café?*
   *R. C'est le ... que je préfère.*
1.   Les voitures européennes ou américaines?
2.   La musique classique ou moderne?
3.   Les robes courtes ou longues?
4.   Le ski ou le hockey?
5.   Le piano ou la guitare?
6.   Le badminton ou le tennis?
7.   Les cravates brunes ou jaunes?
8.   Le baseball ou le football?

EXERCICE 3:

*Ex.: S. Qui est-ce que le professeur attend? Nicole ou Gisèle?*
   *I. Gisèle*
   *R. C'est Gisèle que le professeur attend.*
1.   S. Qui est-ce que la secrétaire regarde? Le directeur ou le professeur?   I.   le directeur
2.   S. Qui est-ce que le garçon regarde? Marie ou Nicole?   I.   Marie
3.   S. Qui est-ce que Micheline préfère? André ou Claude?   I.   André
4.   S. Qui est-ce que Marcel écoute? Son ami ou son frère?   I.   son ami
5.   S. Qui est-ce que Bill préfère? Son professeur de français
   ou de mathématiques?   I.   de mathématiques

EXERCICE 4:

*Ex.: 1.   S.   Est-ce que c'est l'avion pour New York ou pour Détroit que M. Beaupré attend?*
*         I.    pour New York*
*         R.   C'est l'avion pour New York que M. Beaupré attend.*
*    2.   S.   Est-ce que c'est Denise ou Nicole qui chante?*
*         I.    Nicole*
*         R.   C'est Nicole qui chante.*

1.   S.   Est-ce que c'est les lunettes de Paul ou d'André qui sont sur le bureau?
      I.    de Paul
2.   S.   Est-ce que c'est un autobus ou un taxi que Jacqueline attend?
      I.    un taxi
3.   S.   Est-ce que c'est les parties de cartes ou d'échecs que Marcel préfère?
      I.    les parties de cartes
4.   S.   Est-ce que c'est une cuiller ou une fourchette que Bill veut?
      I.    une fourchette
5.   S.   Est-ce que c'est ton père ou ton oncle qui est dentiste?
      I.    mon oncle
6.   S.   Est-ce que c'est le train ou l'autobus que M. Dumas prend?
      I.    l'autobus.
7.   S.   Est-ce que c'est le cousin ou le frère de Roger qui est là-bas?
      I.    le cousin de Roger
8.   S.   Est-ce que c'est une voiture européenne ou américaine que M. Demers a achetée?
      I.    une voiture américaine

EXERCICE 5:

*Répondez aux questions suivantes:*

1.   Est-ce que c'est toi qui aimes la musique moderne? La musique classique? Le cinéma? Les sports? La politique?
2.   Est-ce que c'est du spaghetti que vous voulez manger ce soir? Du bifteck? Une pizza? Du poulet? Du rôti? Du jambon?
3.   Est-ce que c'est votre père qui travaille au centre d'achats?
4.   Est-ce que c'est votre montre que je vois là-bas? Vos lunettes? Votre livre? Votre cahier? Vos notes de cours?
5.   Est-ce que c'est un livre que vous lisez?
6.   Est-ce que c'est Marie qui joue au tennis? Au badminton? Au hockey? Au baseball? Aux échecs? Au football? Au ballon-panier?
7.   Est-ce que c'est du lait que vous préférez? Du thé? Du café? Du coca-cola?
8.   Est-ce que c'est un autobus qui arrive? Un taxi?

**GRAMMAIRE: "c'est ... qui" — "c'est ... que"'**

Devant le verbe, on emploie (c'est ...) "qui":

C'est une jeune fille qui regarde.

C'est le train qui part.

Devant le sujet du verbe, on emploie (c'est ...) "que":

C'est une jeune fille que je regarde.

C'est le train que je prends.

**EXERCICE DE CONVERSATION**

*Ex.: 1. S. Qui est-ce qui mange du poulet?*
*R. C'est le jeune homme qui mange du poulet.*
*2. S. Et la jeune fille, est-ce que c'est du poulet qu'elle mange?*
*R. Non, c'est du spaghetti qu'elle mange.*

1.    2.

3.    4.    5.

# DIALOGUE DE RÉVISION

| M. Michaud: | — Ah, c'est merveilleux de pouvoir faire une petite promenade en auto, *n'est-ce pas,* ma *chérie?* |
|---|---|
| Mme Michaud: | — Oui, Émile, c'est merveilleux mais, s'il te plaît, fais attention! C'est une nouvelle auto et tu sais que tu as commencé à conduire *seulement* la semaine passée. |
| M. Michaud: | — Je sais, je sais mon petit *chou à la crème* et je fais très attention. |
| Mme Michaud: | — Mimile, tu vas trop vite! |
| M. Michaud: | — Mais non, Rosa *d'amour,* je vais très lentement. |
| Mme Michaud: | — Émile, fais attention, il y a un feu de circulation. |
| M. Michaud: | — Mais, je l'ai vu. Il est vert et je peux continuer. |
| Mme Michaud: | — Émile, il y a un gros autobus derrière nous. J'ai peur. |
| M. Michaud: | — Rosa, ma petite laitue, ne crie pas. Il ne va pas nous manger, l'autobus. |
| Mme Michaud: | — Ah, mon chéri, allons à la maison! C'est trop *dangereux* de se promener en auto. |
| M. Michaud: | — Mais non, mon petit *oiseau,* ce n'est pas dangereux. Je sais conduire. |
| Mme Michaud: | — Mimile, est-ce que tu sais où tu vas? |
| M. Michaud: | — Mais oui, je sais où je vais. Je vais au garage. |
| Mme Michaud: | — Pourquoi? |
| M. Michaud: | — Pour vendre la voiture. Je crois que je préfère les promenades à pied. |

# VOCABULAIRE SUPPLÉMENTAIRE

## LES PROFESSIONS

Quelle profession allez-vous **choisir**?

— C'est un **pharmacien.** Il travaille dans une **pharmacie.** Il **prépare** des **médicaments** et, avec le médecin, il **soigne** les malades.

— Il est **architecte.** Il a choisi cette profession parce qu'il aime **dessiner** de nouveaux **modèles** de maisons. Il est aussi un peu **artiste.**

— C'est un **avocat**. Il étudie la **loi.** Parfois, il doit beaucoup **discuter**...

— Elle est **journaliste.** Elle écrit les **nouvelles** dans un **journal.**

— C'est un **commerçant.** Il a un gros **commerce** et beaucoup de **clients.**

— Il est **garagiste.** Il **vend** et **répare** des autos dans son **garage.**

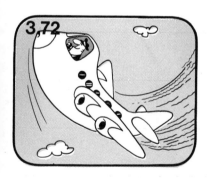

— C'est un **pilote.** Il aime **voyager.** Il conduit un gros avion **commercial.**

*Répondez aux questions suivantes:*

1. Quelle est la profession de votre père? Savez-vous pourquoi il a choisi cette profession?
2. Est-ce que vous savez quelle va être votre profession? Pourquoi l'avez-vous choisie?
3. Qui est-ce qui prépare des médicaments? Où est-ce qu'il travaille?
4. Qu'est-ce qu'un architecte fait? Êtes-vous un peu artiste?
5. Qu'est-ce que vous préférez, être pilote ou être avocat?
6. Avez-vous peur quand vous voyagez en avion?
7. Qui est-ce qui vend des autos? Est-ce que c'est aussi un commerçant?
8. Lisez-vous le journal tous les soirs? Quelquefois? Jamais? Quel journal est-ce que vous lisez? Lisez-vous les nouvelles dans un journal ou préférez-vous les écouter à la télévision?
9. Vous voulez acheter du pain, des oeufs et du lait. Où est-ce que vous allez?

# CONSTRUCTION DE PHRASES

*Complétez les dialogues suivants:*

A) — Allô!

— _____

— Nicole? Elle vient de partir.

— _____

— Je crois qu'elle est allée chez Monique.

— _____

— Oui, c'est 231-5894.

— _____

— Il n'y a pas de quoi. Au revoir.


B) — _____

— Non, je ne l'ai pas encore fini.

— _____

— Peut-être ce soir.

— _____

— Je suis toujours en retard parce que j'ai toujours trop de travail.

— _____

— Non, je la regarde rarement.

— _____

— Oui, j'y vais quelquefois, s'il y a un bon film.

— _____

— D'accord, allons-y.

— _____

— Ça ne fait rien, je vais plutôt le faire demain soir.


C) — Quelle est votre profession?

— _____

— Comment s'appelle votre journal?

— _____

— Pourquoi avez-vous choisi cette profession?

— _____

## LABORATOIRE

## PHONÉTIQUE

EXERCICE 1:

*Répétez:*

1. Il vient de manger.
2. Il vient de neiger.
3. Il vient de boire.
4. Il vient de lire.

5. Il vient de jouer.
6. Il vient de danser.
7. Il vient de déjeuner.
8. Il vient de dîner.

EXERCICE 2:

*Répétez:*

1. Elle vient de chanter.
2. Elle vient de partir.
3. Elle vient de finir.
4. Elle vient de souper.

5. Elle vient de se lever.
6. Elle vient de comprendre.
7. Elle vient de s'endormir.
8. Elle vient de s'asseoir.
9. Elle vient de téléphoner.

EXERCICE 3:

*Répétez:*

1. C'est pour moi.
2. C'est pour toi.
3. C'est pour Louise.
4. C'est pour François.

5. C'est pour Détroit.
6. C'est pour trois heures.
7. C'est pour la soirée.
8. C'est pour le foyer.

EXERCICE 4:

*Répétez:*

1. C'est pour lui.
2. C'est pour juillet.
3. C'est pour aujourd'hui.
4. C'est pour minuit.

5. C'est pour huit heures.
6. C'est pour le bruit.
7. C'est pour la cuisine.
8. C'est pour la pluie.

## EXERCICES STRUCTURAUX

EXERCICE 1:

*Ex.: S. Où est-ce que vous allez travailler?*          *I.   dehors*
     *R. Je vais travailler dehors.*
1. S. Où est-ce que tu as stationné?                      I.   là-bas
   R. J'ai stationné là-bas.
2. S. Où est-ce qu'il a neigé?                            I.   partout
   R. Il a neigé partout.
3. S. Où est-ce que vous avez acheté ce livre-là?         I.   ici
   R. J'ai acheté ce livre-là ici.
4. S. Où est-ce qu'ils vont souper?                       I.   dehors
   R. Ils vont souper dehors.

5.   S.  Où est-ce que Roger s'est endormi?          I.   là-bas
     R.  Il s'est endormi là-bas
6.   S.  Où est-ce que vous pouvez étudier?          I.   partout
     R.  Je peux étudier partout.

EXERCICE 2:

Ex.:  S.  *Nicole aime danser.*                      I.   *surtout*
      R.  *Nicole aime surtout danser.*
1.   S.  Maurice mange de la viande.                 I.   surtout
     R.  Maurice mange surtout de la viande.
2.   S.  Jacqueline doit travailler.                 I.   plutôt
     R.  Jacqueline doit plutôt travailler.
3.   S.  Il a dormi toute la soirée.                 I.   bien
     R.  Il a bien dormi toute la soirée.
4.   S.  Ils veulent habiter à la campagne.          I.   peut-être
     R.  Ils veulent peut-être habiter à la campagne.
5.   S.  Il a joué au golf hier.                     I.   mal
     R.  Il a mal joué au golf hier.
6.   S.  Ils vont prendre l'avion.                   I.   plutôt
     R.  Ils vont plutôt prendre l'avion.
7.   S.  Elle a mangé hier soir.                     I.   trop
     R.  Elle a trop mangé hier soir.
8.   S.  Il va jouer du piano.                       I.   surtout
     R.  Il va surtout jouer du piano.

EXERCICE 3:

Ex.:  S.  *Est-ce qu'il va partir?*                  I.   *oui, bientôt*
      R.  *Oui, il va bientôt partir.*
1.   S.  Est-ce que tu vas manger à la maison?       I.   oui, toujours
     R.  Oui, je vais toujours manger à la maison.
2.   S.  Est-ce que vous allez danser à la discothèque?  I.  oui, parfois
     R.  Oui, je vais parfois danser à la discothèque.
3.   S.  Est-ce que ton père est allé à Paris?       I.   non, jamais
     R.  Non, il n'est jamais allé à Paris.
4.   S.  Est-ce que tu dois prendre l'avion?         I.   oui, souvent
     R.  Oui, je dois souvent prendre l'avion.
5.   S.  Est-ce que tu dois faire des réparations?   I.   oui, encore
     R.  Oui, je dois encore faire des réparations.

EXERCICE 4:

Ex.:  S.  *Quand est-ce que tu vas partir?*          I.   *tout à l'heure*
      R.  *Je vais partir tout à l'heure.*
1.   S.  Quand est-ce qu'il a fait son travail?      I.   hier
     R.  Il a fait son travail hier.
2.   S.  Quand est-ce que vous allez écrire au directeur?  I.  tout à l'heure
     R.  Je vais écrire au directeur tout à l'heure.
3.   S.  Quand est-ce que Gilles va arriver?         I.   aujourd'hui
     R.  Il va arriver aujourd'hui.
4.   S.  Quand est-ce que je dois payer la moto?     I.   demain
     R.  Vous devez payer la moto demain.

5.  S.  Quand est-ce que vous devez apporter le travail? I.  tout de suite
    R.  Je dois apporter le travail tout de suite.

## EXERCICE 5:

Ex.:  1.  S.  *Est-ce que tu as mangé au restaurant?*        I.  *oui, hier*
          R.  *Oui, j'ai mangé au restaurant hier.*
      2.  S.  *Est-ce que tu vas danser à la discothèque?*   I.  *non, rarement*
          R.  *Non, je vais rarement danser à la discothèque.*
  1.  S.  Est-ce que tu vas manger à la cafétéria?           I.  oui, tout à l'heure
      R.  Oui, je vais manger à la cafétéria tout à l'heure.
  2.  S.  Est-ce que je peux jouer dans le gymnase?          I.  oui, quelquefois
      R.  Oui, vous pouvez quelquefois jouer dans le gymnase.
  3.  S.  Est-ce que Paul va visiter Québec?                 I.  oui, demain
      R.  Oui, il va visiter Québec demain.
  4.  S.  Est-ce que tu peux arriver à huit heures?          I.  non, jamais
      R.  Non, je ne peux jamais arriver à huit heures.
  5.  S.  Est-ce que vous devez téléphoner à Jacques?        I.  oui, tout de suite
      R.  Oui, je dois téléphoner à Jacques tout de suite.
  6.  S.  Est-ce que tu vas travailler au bureau?            I.  oui, souvent
      R.  Oui, je vais souvent travailler au bureau
  7.  S.  Est-ce que vous avez pris l'avion?                 I.  oui, avant-hier
      R.  Oui, j'ai pris l'avion avant-hier.
  8.  S.  Est-ce que Paul a joué aux cartes?                 I.  oui, encore
      R.  Oui, il a encore joué aux cartes.
  9.  S.  Est-ce que je peux stationner dans la rue?         I.  oui, parfois
      R.  Oui, vous pouvez parfois stationner dans la rue.
 10.  S.  Est-ce qu'ils peuvent étudier dans le bureau?      I.  non, rarement
      R.  Non, ils peuvent rarement étudier dans le bureau.

## EXERCICE 6:

Ex.:  S.  *Je vais prendre l'avion.*                         I.  *plutôt*
      R.  *Je vais plutôt prendre l'avion.*
  1.  S.  Mon oncle va arriver.                              I.  demain
      R.  Mon oncle va arriver demain.
  2.  S.  Il aime jouer aux échecs.                          I.  surtout
      R.  Il aime surtout jouer aux échecs.
  3.  S.  Nous allons travailler.                            I.  dehors
      R.  Nous allons travailler dehors.
  4.  S.  Nous avons aimé le film.                           I.  beaucoup
      R.  Nous avons beaucoup aimé le film.
  5.  S.  On va faire une promenade.                         I.  peut-être
      R.  On va peut-être faire une promenade.
  6.  S.  Elle aime faire de la natation.                    I.  surtout
      R.  Elle aime surtout faire de la natation.
  7.  S.  Vous pouvez stationner.                            I.  là-bas
      R.  Vous pouvez stationner là-bas.
  8.  S.  On va jouer aux échecs.                            I.  encore
      R.  On va encore jouer aux échecs.
  9.  S.  Gilles va étudier à l'école.                       I.  parfois
      R.  Gilles va parfois étudier à l'école.

10.  S.  Je vais écrire à ma mère.                          I.    plutôt
     R.  Je vais plutôt écrire à ma mère.

EXERCICE 7:

*Ex.:  S.  Quand est-ce que Marie a téléphoné?*
*       R.  Elle vient de téléphoner.*
1.  S.  Quand est-ce que tu es arrivé(e)?
    R.  Je viens d'arriver.
2.  S.  Quand est-ce qu'il est parti?
    R.  Il vient de partir.
3.  S.  Quand est-ce que vous l'avez acheté(e)?
    R.  Je viens de l'acheter.
4.  S.  Quand est-ce que le film a commencé?
    R.  Il vient de commencer.
5.  S.  Quand est-ce que tu l'as fini(e)?
    R.  Je viens de le (la) finir.
6.  S.  Quand est-ce que Nicole a déjeuné?
    R.  Elle vient de déjeuner.
7.  S.  Quand est-ce que vous êtes sorti(e)?
    R.  Je viens de sortir.

EXERCICE 8:

*Ex.:  S.  Je pars pour l'école à quatre heures.*
*       I.   Québec*
*       R.  Je pars pour Québec à quatre heures.*
1.  I.  moi
    R.  Vous partez pour Québec à quatre heures.
2.  I.  six heures
    R.  Vous partez pour Québec à six heures.
3.  I.  la campagne
    R.  Vous partez pour la campagne à six heures.
4.  I.  nous
    R.  On part pour la campagne à six heures.
5.  I.  Montréal
    R.  On part pour Montréal à six heures.
6.  I.  tout à l'heure
    R.  On part pour Montréal tout à l'heure.

EXERCICE 9:

*Ex.:  S.  Pourquoi est-ce que tu veux une auto?*            I.    *aller à la campagne*
*       R.  Je veux une auto pour aller à la campagne.*
1.  S.  Pourquoi est-ce que tu te dépêches?                  I.    arriver à l'école à neuf heures
    R.  Je me dépêche pour arriver à l'école à neuf heures.
2.  S.  Pourquoi est-ce que tu travailles le samedi?        I.    avoir de l'argent
    R.  Je travaille le samedi pour avoir de l'argent.
3.  S.  Pourquoi est-ce que tu as acheté une moto?          I.    faire des promenades
    R.  J'ai acheté une moto pour faire des promenades.
4.  S.  Pourquoi est-ce que tu étudies le français?         I.    aller à Québec
    R.  J'étudie le français pour aller à Québec.

5.  S.  Pourquoi est-ce que tu vas au gymnase?                                I.  voir un match de badminton
    R.  Je vais au gymnase pour voir un match de badminton.
6.  S.  Pourquoi est-ce que vous allez au magasin?                            I.  acheter des skis
    R.  Je vais au magasin pour acheter des skis.

EXERCICE 10:

*Ex.:  S.  Est-ce que vous avez encore faim?*
*R    Non, je n'ai plus faim.*
1.  S.  Est-ce que je peux encore jouer?
    R.  Non, vous ne pouvez plus jouer.
2.  S.  Est-ce que Maurice mange encore?
    R.  Non, il ne mange plus.
3.  S.  Est-ce que tu as encore de l'argent?
    R.  Non, je n'ai plus d'argent.
4.  S.  Est-ce qu'il y a encore de la neige en avril?
    R.  Non, il n'y a plus de neige en avril.
5.  S.  Est-ce qu'ils veulent encore danser?
    R.  Non, ils ne veulent plus danser.
6.  S.  Est-ce que vous êtes encore malade?
    R.  Non, je ne suis plus malade.

EXERCICE 11:

*Ex.:  S.  Qui est-ce qui a mangé les fruits?*                                I.  *Roger*
*R.  C'est Roger qui a mangé les fruits.*
1.  S.  Qui est-ce qui habite là?                                             I.  monsieur Dumas
    R.  C'est monsieur Dumas qui habite là.
2.  S.  Qu'est-ce qui commence à huit heures?                                 I.  le film
    R.  C'est le film qui commence à huit heures.
3.  S.  Qui est-ce qui se réveille à midi?                                    I.  Jacqueline
    R.  C'est Jacqueline qui se réveille à midi?
4.  S.  Qu'est-ce qui part pour Toronto?                                      I.  l'autobus
    R.  C'est l'autobus qui part pour Toronto.
5.  S.  Qui est-ce qui a mal chanté?                                          I.  lui
    R.  C'est lui qui a mal chanté.
6.  S.  Qu'est-ce qui fait ce bruit-là?                                       I.  la guitare de Bill
    R.  C'est la guitare de Bill qui fait ce bruit-là.
7.  S.  Qui est-ce qui s'endort au labo?                                      I.  le professeur
    R.  C'est le professeur qui s'endort au labo.

EXERCICE 12:

*Ex.:  S.  Qui est-ce que vous attendez? Paul ou Pierre?*                     I.  *Pierre*
*R.  C'est Pierre que j'attends.*
1.  S.  Qui est-ce que vous regardez? Le directeur ou le professeur?         I.  le professeur
    R.  C'est le professeur que je regarde.
2.  S.  Qu'est-ce que Marie veut? Du thé ou du café?                          I.  du café
    R.  C'est du café que Marie veut.
3.  S.  Qui est-ce que Micheline préfère? André ou Claude?                    I.  André
    R.  C'est André que Micheline préfère.

4.    S.  Qu'est-ce que tu veux? Une moto ou une auto?          I.   auto
      R.  C'est une auto que je veux.
5.    S.  Qui est-ce que vous écoutez? Votre père ou votre mère?    I.   mon père
      R.  C'est mon père que j'écoute.
6.    S.  Qu'est-ce que vous allez acheter? Un piano ou une guitare?    I.   une guitare
      R.  C'est une guitare que je vais acheter.
7.    S.  Qui est-ce que Jacques regarde? Monique ou Nicole?       I.   Nicole
      R.  C'est Nicole que Jacques regarde.

EXERCICE 13:

Ex.:  1.  S.  Qu'est-ce qui fait ce bruit-là? Une moto?
          R.  Oui, c'est une moto qui fait ce bruit-là.

      2.  S.  Qu'est-ce que tu veux? Une moto?
          R.  Oui, c'est une moto que je veux.

1.    S.  Qui est-ce qui va chez le dentiste? Ta soeur?
      R.  Oui, c'est ma soeur qui va chez le dentiste.
2.    S.  Qu'est-ce que tu as acheté? Un tourne-disque?
      R.  Oui, c'est un tourne-disque que j'ai acheté.
3.    S.  Qui est-ce que Monique préfère? Maurice?
      R.  Oui, c'est Maurice que Monique préfère.
4.    S.  Qu'est-ce qui commence à neuf heures? Le film?
      R.  Oui, c'est le film qui commence à neuf heures.
5.    S.  Qui est-ce qui joue aux échecs? Monsieur Richard?
      R.  Oui, c'est monsieur Richard qui joue aux échecs.
6.    S.  Qu'est-ce que tu veux écouter? De la musique moderne?
      R.  Oui, c'est de la musique moderne que je veux écouter.
7.    S.  Qu'est-ce qui arrive à trois heures? L'avion?
      R.  Oui, c'est l'avion qui arrive à trois heures.
8.    S.  Qui est-ce que tu attends? Raymond?
      R.  Oui, c'est Raymond que j'attends.
9.    S.  Qu'est-ce que tu étudies? Le français?
      R.  Oui, c'est le français que j'étudie.

# CONVERSATION

DIALOGUE 1:

### DANS UN MAGASIN DE *CHAUSSURES* POUR DAMES

| | |
|---|---|
| La Vendeuse: | — Bonjour, Madame. |
| Mme Dubé: | — Bonjour, Mademoiselle. J'ai vu de beaux petits souliers noirs là-bas. Est-ce que je peux en *essayer* une *paire,* s'il vous plaît? |
| La Vendeuse: | — Bien sûr, Madame. Quelle *pointure* est-ce que vous voulez? |
| Mme Dubé: | — Du six et demi, je crois. |
| La Vendeuse: | — Bien, Madame. Attendez un instant. Je vais en apporter une paire. |

. . .

| | |
|---|---|
| La Vendeuse: | — Vous les aimez? |
| Mme Dubé: | — Je les aime, mais ils sont trop petits pour moi. Vous avez du sept? |
| La Vendeuse: | — Non, il n'y a plus de sept noir. Mais il y a beaucoup de sept brun. |
| Mme Dubé: | — Non, c'est des souliers noirs que je veux. Vous avez un autre modèle? |
| La Vendeuse: | — Oui, Madame. Nous avons ce nouveau modèle. C'est des souliers qui viennent d'arriver. |
| Mme Dubé: | — Est-ce que je peux en essayer une paire? |
| La Vendeuse: | — Bien sûr. Je vous apporte une paire de sept noir. |

. . .

| | |
|---|---|
| La Vendeuse: | — Vous les aimez? |
| Mme Dubé: | — Je les aime. Mais ils sont un peu grands. Vous avez du six et demi? |
| La Vendeuse: | — Non, il n'y en a plus. Je viens de vendre la *dernière* paire, il y a cinq minutes. |
| Mme Dubé: | — Est-ce que vous allez en avoir d'autres bientôt? |
| La Vendeuse: | — Oui, Madame. Nous en attendons pour la semaine *prochaine.* |
| Mme Dubé: | — Ah bon! Merci et au revoir, Mademoiselle. |
| La Vendeuse: | — Au revoir, Madame. |

DIALOGUE 2:

| | |
|---|---|
| Mme Gingras: | — Suzanne, tu sais où est ton oncle Jean? |
| Suzanne: | — Oui, maman. Il vient d'arriver. Il est dans la salle de séjour, juste à côté, avec un ami. |
| Mme Gingras: | — Tu veux lui *demander* s'il peut me conduire chez les Lapierre *vers* cinq heures? |
| Suzanne: | — Bien sûr, maman. Tout de suite. |

. . .

| | |
|---|---|
| Suzanne: | — Maman, oncle Jean ne peut pas. Son auto est au garage. Mais son ami va te conduire *avec plaisir.* Il doit partir à cinq heures. |
| Mme Gingras: | — Ah! C'est très bien. Tu le *connais?* |
| Suzanne: | — Oui, un peu. Je sais qu'il est *étranger* et qu'il est étudiant à l'université. |
| Mme Gingras: | — C'est un garçon *sérieux,* n'est-ce pas? |
| Suzanne: | — Ce n'est plus un garçon, maman. C'est un homme d'*environ* quarante-cinq ans. |

DIALOGUE 3:

| | |
|---|---|
| La Serveuse: | — Bonjour, Messieurs. Qu'est-ce que vous allez prendre? |
| Le 1er client: | — Moi, je vais prendre du poulet et des pommes de terre. |
| Le 2e client: | — Moi, je vais... |
| La Serveuse: | — Excusez-moi, Monsieur, mais il n'y a plus de poulet. |
| Le 1er client: | — Il n'y a plus de poulet! |
| La Serveuse: | — Non, Monsieur. |
| Le 1er client: | — Alors, je vais prendre du jambon avec des haricots. |
| Le 2e client: | — Moi, je vais ... |
| La Serveuse: | — Excusez-moi, Monsieur, mais il n'y a plus de jambon. |
| Le 1er client: | — Il n'y a plus de jambon! |
| La Serveuse: | — Non, Monsieur. |
| Le 1er client: | — Alors, je vais prendre un sandwich aux tomates. Vous en avez, j'espère? |
| La Serveuse: | — Oui, Monsieur. Et pour boire? |
| Le 1er client: | — Je vais prendre un café. |
| La Serveuse: | — Bien, Monsieur. Et pour vous, Monsieur? |
| Le 2e client: | — Moi, je vais prendre un bon gros bifteck avec des légumes. J'ai très faim. |
| La Serveuse: | — Excusez-moi, Monsieur, mais il n'y en a plus. |
| Le 2e client: | — Quoi! Il n'y a plus de bifteck? Mais, Mademoiselle, c'est impossible. Est-ce que c'est bien un restaurant ici? |
| La Serveuse: | — Oui, Monsieur. Mais il n'y a plus de viande et il n'y a presque plus de *nourriture*. |
| Le 1er client: | — Je ne comprends pas. |
| Le 2e client: | — C'est impossible! |
| La Serveuse: | — C'est notre dernier jour. Le restaurant *ferme* pour trois semaines. Tous les *employés* partent *en vacances* demain. |
| Le 1er client: | — Ah! On ne va pas manger ici. Allons à l'autre restaurant là-bas. |